Raising
A Thinking Preteen

# 如何培养孩子的
# 社会能力 Ⅱ

## 教 8~12 岁孩子学会解决冲突和与人相处的技巧

[美] 默娜·B.舒尔 / 著

刘荣杰 / 译

北京联合出版公司
Beijing United Publishing Co.,Ltd.

图书在版编目（CIP）数据

如何培养孩子的社会能力．II／（美）默娜·B. 舒尔
著；刘荣杰译. —北京：北京联合出版公司，2018.2（2020.4重印）
 ISBN 978-7-5596-1531-2

 Ⅰ.①如…　Ⅱ.①默…②刘…　Ⅲ.①家庭教育
Ⅳ.①G78

中国版本图书馆 CIP 数据核字（2018）第 007873 号

RAISING A THINKING PRETEEN: THE "I CAN PROBLEM SOLVE PROGRAM FOR
8 – TO 12 – YEAR – OLDS"
By MYRNA B. SHURE, PH. D. , ROBERTA ISRAELOFF
Copyright ⓒ 2000 BY MYRNA B. SHURE, PH. D.
This edition arranged with Books Crossing Borders, Inc.
Through BIG APPLE AGENCY, INC. , LABUAN, MALAYSIA.
Simplified Chinese edition copyright ⓒ 2018 by Beijing Tianlue Books Co. , Ltd.
All rights reserved.

如何培养孩子的社会能力（II）

作　　者：［美］默娜·B. 舒尔
译　　者：刘荣杰
选题策划：北京天略图书有限公司
责任编辑：夏应鹏
特约编辑：高锦鑫
责任校对：阴保全

北京联合出版公司出版
（北京市西城区德外大街83号楼9层　100088）
（北京联合天畅发行公司发行）
北京彩虹伟业印刷有限公司印刷　　新华书店经销
字数201千字　　787毫米×1092毫米　　1/16　　17.25印张
2018年2月第1版　　2020年4月第4次印刷
ISBN 978-7-5596-1531-2
定价：35.00元

# 前　言

当我在写第一本书——《如何培养孩子的社会能力》①　的时候，我就想知道，是不是就像我希望看到的那样，那些 3~7 岁孩子的父母们会认为"我能解决问题"法将对他们有帮助。回答是明确而肯定的："是的!"

《如何培养孩子的社会能力》不但获得了 1996 年美国"家长的选择（Parents' Choice Award）"图书奖，成为全美畅销书，而且许多父母还写信告诉我，当他们看到自己的孩子学会了做事前先思考和独立解决问题的时候，他们是多么高兴和惊讶啊!

当孩子们自己解决问题的时候，他们的许多行为就开始朝着积极的方向转变了。那些采用了"我能解决问题"法的父母们注意到，自己孩子的行为问题也消失了。但是，他们还注意到，孩子在其他许多方面也有了改变。

·我的儿子现在不再害怕其他孩子了。他学会了如何融入到他们当中，而不是躲避。

---

①　英文书名为 Raising A Thinking Child，全美畅销书，中文版由京华出版社于 2009 年 8 月出版，北京联合出版公司于 2018 年 2 月再版。——译者注

· 我的女儿不再只是想到她自己。她现在似乎真正关心起别人对事情的感受来了。

· 我原本认为"我能解决问题"方法并不适合我。我喜欢向儿子解释，为什么他应该做某些事情。但是，我们现在彼此更加尊重了。过去，我和他说话的时候，他常常心不在焉，一个字也听不进去。现在，我们能相互倾听了。

也许最令人感动的是，父母们发现他们在和孩子一起改变。

· 在接触"我能解决问题"方法之前，我总是希望我的孩子顺从我。现在，我很高兴，她学会了自己做出正确的决定。

· 刚开始的时候，我不敢让儿子自己做决定。现在，我更相信他能做出正确决定了。

· "我能解决问题"法，使我反思了自己对待孩子的方式。

· 我现在知道了，遇到同样问题的父母不止我一个。我对孩子的问题有了更好的理解。

· 现在，我明白了孩子也有感受，而且他也理解了我的感受。

· 过去，我常常认为，替孩子做决定就是保护孩子。现在，我明白了，让孩子自己做决定才是对他更好的保护。

正如你看到的那样，"我能解决问题"法不仅能帮助孩子更清晰地思考，而且加强了父母和孩子之间的亲情连结，建立对彼此的信任，让父母和孩子都更自信。

一个在3~7岁就学会了解决问题的孩子，长大后会继续如此。但是，随着孩子的成长，他们做决定的能力在很多方面会面临新的挑战。例如，一个能用"我能解决问题"方法解决和朋友之间为玩具而发生争吵的学龄前儿童，随着他的成长，必须学会更多抽象的技巧，才能解决将来会遇到的各种典型问题，比如当一个朋友背叛了自己的信任时该怎么办。

这就是我为什么决定写这本书的原因。在本书中，我将向你解释，8~12岁的孩子如何利用"我能解决问题"技巧，来处理他们在学校、家里以及和朋友们在一起时会遇到的各种情况。本书将对上一本书中介绍的那些技能进行扩展，并新增了一些经过我研究证实的、在孩子8岁开始时就可以指导他们的行为的技能。

幸运的是，"我能解决问题"法非常方便实用，并且可以在小学阶段和学龄前使用。事实上，8~12岁是一个特殊的时期，为父母们提供了一个极好的契机。这几年正好是青春期的反叛还没有开始，而父母们在说服孩子时又遇到了更多困难的一段时期。

无论你是已经熟练地掌握了这个方法，还是第一次使用这个方法，本书都将证明其价值。它会帮助你回答这样一个问题："我的孩子怎样才能学会解决现在和将来所要面对的问题呢?"

任何时候学习"我能解决问题"方法，都不算太晚。

# 引　言

　　如果问 8 ~ 12 岁孩子的父母们最担心什么，你可能会发现他们有很多担心都是共同的：

　　·我希望我的女儿能很快适应中学生活，并且不仅要好好上学，而且要完全融入到学校生活中。
　　·我希望我的儿子交到好朋友，而且要远离那些坏孩子。
　　·我希望我的女儿远离毒品、酗酒、过早的性行为，即使她的朋友们这样做。
　　·我希望我的儿子不要把暴力当作解决问题的方法。
　　·我不希望我的女儿成为暴力的受害者。

　　孩子们也有自己的担心。如果问五年级的孩子，当他们展望进入中学学习的前景时最担心什么，他们最有可能会说：

　　·我担心会受到那些霸道孩子的欺负。
　　·我希望能保护自己。
　　·我不想因为受到同龄人的压力而使用毒品。

在这一连串的希望和担心中，有一条明显的共同线索，那就是：父母对孩子的希望，以及孩子对自己的希望，都是能够做出正确的决定，并能解决各种冲突——无论是和同龄人之间的冲突，还是和老师、父母之间的冲突。

当孩子长到10岁左右的时候，什么能帮助他们对自己的生活做出正确的选择呢？当然不是口号。孩子们知道，在他们急需帮助的时候，泛泛地说诸如"就是不可以"这种毫无意义的话，并不能拯救他们。我们能够给孩子们提供一条真正的救生索，使他们能学会并掌握一套具体能力，以使他们成为解决问题的能手。

这些能力可以简单地描述如下：

**理解别人的感受和看法**，能使孩子们认识到，对同一件事情，每个人的想法和感觉可能会不一样。

**理解别人的行为动机**，能让孩子们明白，人们可能会出于某些原因而在特定的时间做出某种行为，还有一些潜藏的原因造成了人们的某些一贯行为。

**寻找解决问题的多种办法**，能鼓励孩子们思考各种选择。

**考虑后果**，能鼓励孩子们在行动之前先考虑一下后果。

**分步计划**，能鼓励孩子们在制订计划时，要预见到可能的障碍并考虑时机——也就是说，要考虑到问题的解决需要时间，而且在某些时间采取行动比其他时间更好。

将这些技能教给孩子，就是本书的核心目的。书中介绍的活动和对话，能让你以一种新的方式对孩子的问题做出回应，这将改善你的家庭关系，并且培养一个快乐、自信、社会适应能力强、情商高的孩子。正像丹尼尔·戈尔曼在其《情商》一书中明确指出的那样，孩子们只有了解了自己和他人的感受，才能够在学校、家里、在与同伴玩耍中以及处理所有的人际关系时做出正确的决定。

没有谁希望自己的孩子打人、欺侮或捉弄别的孩子。也没有谁希望自己的孩子被别的孩子欺负——现在没有，以后也不会有。然而，大多数孩子之间发生的冲突是正常的，甚至是健康的。事实上，有些冲突还是有益的。8 ~ 12 岁的孩子完全有能力从这种分歧中汲取重要的经验：他们会认识到，自己的朋友和其他人对事情的看法和感受与自己的不同，而且，随着孩子逐渐长大，他们会更好地理解人们做出某种行为的原因。一旦理解了这一点，他们就为在解决冲突时想出更多的解决办法做好了准备。

根据我 25 年来的研究发现，解决问题的能力与情感健康之间有着至关重要的联系。下面就是一个例子：

10 岁的理查德打了自己的弟弟，因为弟弟"烦"他。当被问到接下来发生了什么事情时，理查德说："他也打了我，但我不在乎。"

10 岁的萨姆也打了自己的弟弟。当问他接下来发生了什么事情的时候，他说："弟弟哭了，我感到难过。"

这两个男孩有什么不同呢？理查德是个好发脾气、攻击性强的孩子，在学校也欺侮同学。他常常感到生气和沮丧，并且做事情从来不考虑后果和别人的感受。萨姆的适应能力和社会能力都很强。他很少打人，因为他能找到其他方式来表达自己的感受。但是，即使他也有个别时候会情绪失控。

像萨姆这样的孩子——在意自己的感受，也能理解别人的感受，并且能解决日常冲突——与理查德那样不能解决日常冲突的孩子相比，将会更成功，并且能更好地与别人相处。

如果孩子理解了自己以及他人的感受，他们就还能够做到：

· 对于自己想要的东西，能够等待。
· 当得不到自己想要的东西时，能够处理自己的失望情绪。
· 与同龄人更好地相处。
· 控制自己的冲动和攻击性。
· 抵制同龄人的压力。

但是，具备社会能力和高情商给孩子带来的好处还不止这些。那些理解自己的感受，并同情别人，甚至能共情的孩子，可能就不会再攻击别人，因为他们能够感觉到——至少会理解——被攻击者的痛苦。而且，如果这些孩子有解决问题的技巧，他们可能还乐意帮助那些处于痛苦之中的孩子。这样的孩子更有可能与他人分享，并做出其他亲社会的行为（比如合作）。善于解决问题的孩子适应能力更强，在面对自己无法解决的问题和难对付的人时，他们退缩的可能性更小。他们能更好地维护自己的利益，对同龄的孩子也不会害怕。

那些没有学会亲社会行为的孩子，今后极有可能成为反社会的人。因为那些社会退缩型的孩子并不制造麻烦或在课堂上捣乱，他们就常常不被关注。他们一定不能不被关注。由于不能或不愿说出自己的感受，也不能解决日常问题，所以，这样的孩子有可能把内心的感受压抑在心底。这些能力的不足，可能会造成孩子将来的抑郁，或者卷入暴力行为。社会退缩型的孩子并不会随着年龄的增长而得到改善。这些孩子所需要的，恰恰就是他们试图逃避的关注。

本书不仅适合于像理查德那样在家和学校与人相处都有困难的孩子，而且也同样适合于像萨姆那样正在茁壮成长，但又需要提高解决问题能力的孩子。不管孩子解决问题的能力已经有多强，总是可以变得更强。"我能解决问题"法还能够帮助患有多动症的孩子，并且适合于那些远比理查德更加反复无常的孩子。

在这本书里，你会看到适合于你和你的孩子解决日常冲突的一个循序渐进的方案。

# 8 ~ 12 岁为什么很重要？

"8 岁的孩子就被认为接近青春期了，难道不是太小了吗?"你可能会这样问。一点也不小了。实际上，与过去的孩子相比，现在的孩子成长得更快，四五年级成了孩子成长中很多方面的分水岭。

**在身体上**，现在的孩子们成熟得更早，甚至与其上一代人相比都如此。一些研究表明，7 岁左右的女孩子就出现了青春期身体变化的一些初期迹象，男孩子要晚大约两年。女孩子月经初潮的平均年龄甚至都提前了。

**在行为和情感方面**，研究表明，在四年级和五年级，孩子们的行为和情感问题开始急剧增多。

**在功课方面**，与上一代人相比，孩子们现在课程的难度要提前一两年。结果，在小学三年级，老师们就开始让孩子们为进入中学做准备。他们给孩子们布置更多的长期作业，这就要求孩子们为完成作业并安排好时间承担起更多的责任。

**在社会能力方面**，到 8 岁的时候，孩子的自我意识变得越来越强，对同龄孩子越来越了解。他们能感觉到一个更加广阔的世界正向自己打开，这既让他们兴致勃勃，又让他们惶恐不安。

介于童年早期与青春期之间的这段时光，在十几年以前还只是被认为是一个普通的"发育阶段"，而现在却成了孩子一生中一个至关重要的时期。8～12 岁的孩子很清楚那些更大一点的孩子所面临的问题；而且他们知道，自己也很快就会在学校、家里以及和朋友相处时面临同样的情形。

更为严重的是，今天的孩子有时会面临对他们未来的安全和幸福造成威胁的情形。例如，由全国防止毒品计划对 26 个州的 13 万名学生所进行的一项调查表明，虽然高中生使用毒品的人数已经基本稳定，但在更小的孩子中，人数却有所上升；在 6～12 年级的学生中，有十分之一的学生每月都使用毒品。

由于青春期的力量还没有完全显现出来，所以，8～12 岁的孩子距离青春期的自然叛逆还有几年。他们仍然依恋自己的父母，能够接受父母的引导，并渴望得到父母的帮助。8～12 岁这几年可以看作是时间隧道的一扇窄窗，但这段时间也足够长，能使父母和老师对孩子将成为什么样的青少年产生重要影响。

这几年也是一个神奇的时期，孩子们开始以许多新的、令人兴奋的方式展现自我并探究自己是谁。我的同事乔治·斯皮沃克研究发现，青春期前的孩子很看重自己的外表、与朋友的关系、在学校的表现以及体育运动能力，并以此来评价自己。在我看来，孩子们也开始看重自己解决问题的能力了。

善于解决问题的孩子有一种"我能行"的态度。他们感觉自己似乎能有所作为，而不再把这个世界看作是一个自己只能被动地承受发生在自己身上的事情的地方。如果他们被选为球队里最有价值的球员，他们不会认为这是由于自己有天赋，而是会记得自己的刻苦训练。如果他们的功课好，他们不会把好成绩归因于考试容易、老师要求不严格，而是会归功于自己学习努力。

还有，善于解决问题的孩子由于能将精力集中在功课上，他们的学习成绩有可能会更好。莫里斯·伊莱亚斯和他的同事指出：在从小学到初中的转换期中，那些学过解决问题技巧的五年级孩子体验到的压力更小（这些压力包括：进入一所新学校会遇到的日常琐事、要适应更加严格的功课要求、处理来自同龄人的压力等）。这样，这些处于转换期的孩子就能将精力集中在功课上，并能取得更好的成绩。另一方面，埃里克·杜鲍和约翰·蒂萨克指出，那些有情感障碍的孩子难以把精力集中在功课上，学习自然也就没有什么效果。这些研究者发现，解决问题的能力能帮助孩子处理来自父母、老师和朋友的压力，这转而会有助于孩子把精力集中在学习上。如此看来，在青春期之前的这几年，解决问题的能力特别有助于孩子减轻压力。

但是，解决问题的能力对孩子的积极影响比上面所说的要深远得多。随着孩子对解决问题的技巧掌握得越来越好，他们就越来越有能力对付欺负人的孩子、在做学校的功课和校外活动之间保持平衡，并且不但能抵制同龄人的压力，而且能更成功地与同龄人协商和交朋友。那些解决问题能力强的孩子，能够从失败中恢复过来，他们知道要做什么以及如何去做，而不会轻易放弃。研究表明，在 13 岁之前就有高风险行为的孩子，更有可能在以后作出威胁到自己的安全和幸福的行为。

·1982 年所做的一个调查显示：那些吸烟而且叛逆的 7 年级学生，到了 9 年级，会有滥用九种不同类型毒品的危险。

·1987 年所做的一系列研究指出，在青春期之前的几年里，那些有明显攻击性和社会退缩行为的孩子，不仅在以后的成长过程中仍然会如此，而且还明确地预示着这些孩子今后会出现更为严重的行为问题——暴力倾向、滥用毒品、少女怀孕、辍学，以及成年后无法保住工作。

所以，如果我们能够在孩子 13 岁之前教会他们思考自己的选择，那么，他们在今后遇到麻烦的可能性就比较小。

为了帮助青春期前的孩子为躁动而又令人兴奋的青春期做好准备，我们应该帮助那些刚刚开始学习解决问题技能的孩子成为解决问题的能手，帮助那些已经掌握了这项技能的孩子变得更善于解决问题。这样，他们就会在不久的将来就要经历的青春期中，具备使自己感到安全所需要的能力。

正如研究表明的那样，那些有可能在今后出现问题的孩子，既可能来自城市，也可能来自农村或郊区。他们既有可能来自贫困家庭，也可能来自富裕家庭，而且不分种族。

实际上，"我能解决问题"法已经被美国各州的学校和心理健康机构所采用，包括阿拉巴马州、特拉华州、佛罗里达州、佐治亚州、伊利诺伊州、新泽西州、宾西法尼亚州、田纳西州、犹他州和弗吉尼亚州。"我能解决问题"的方案已经被美国心理健康协会和美国心理学协会的三个项目组认定为基础预防计划的典范。最近，又被美国学校心理学学会、青少年司法和预防犯罪办公室认定为基础预防计划的典范。这一计划还被健康和人力服务部推举为六个最佳预防青少年暴力计划之一。此外，它还被"改善社会与情感学习合作学会（CASEL）"——一个全国性的儿童预防计划信息交流中心——用来培养孩子们的情商。

本书将帮助孩子做得更好——因为，他们将学会以不同的方式来思考问题。当然，它也能帮助你的孩子。

# 目　录

## 第1章　行为不同的孩子思维不同

在8~12岁这个阶段，孩子们要经历生理、人际交往、情感和认知能力方面的迅速变化。而且，各个方面的变化不是同步的……在如何处理问题方面，孩子们也会表现出很大的不同……那些有解决人际问题能力的孩子往往能够茁壮成长，而那些缺少这种能力的孩子日后可能会出现问题……

## 第2章　四种养育风格

当父母想改变孩子行为的时候，他们会怎么说呢？在多年的观察和研究之后，我得出的结论是，父母们在大多数时候会采用以下三种方法之一：运用权威，给孩子建议，或进行解释。

## 第3章　我有什么感受？你有什么感受？

了解人们对于事情的感受，对于解决日常生活中经常出现的问题非常重要。要缓和一个人的愤怒、沮丧或恐惧，我们必须先要了解并理解他的感受。学会关注并认真对待别人的感受的惟一方法，就是首先要认真对待和关注我们自己的感受……孩子的行为是以其感受为基础的……

## 第4章　有人在听吗？

我们往往认为听是理所当然的。然而，我们很多人——不论大人还是孩子——都没有真正地倾听。结果，我们就无法解决问题。如果我们不真正听别人在对我们说什么，或者我们在对别人说什么，我们就不知道问题所在，以及如何解决……倾听能力是解决问题能力的第三个核心组成部分……

## 第5章　事情总是如表面那样吗?

经常出现的情况是，事情并不总是像表面上看上去的那样……当人们对一个人的动机得出匆忙、不准确的结论时，就会误解那个人的意图……人们有时候在一件事情发生的当时了解不到全部事实，而且有时候过去了很久之后仍然如此……

## 第6章　要想解决这个问题，我还能怎么做?
## 寻找多种解决问题的办法

社会能力强、情商高的孩子，能够想出不同的办法来解决问题，而不是做出冲动的反应，或者在第一次尝试失败后就放弃……

## 第7章　接下来会发生什么？
### 　　　　学会考虑后果

不要告诉孩子做什么、不做什么或者为什么这样做或那样做——孩子自己能够学会思考……但是，除了问"我还能做什么？"之外，同样重要的是问"如果我那样做，接下来可能会怎么样？"我们要帮助孩子们学会关注各种情感，还要学会考虑自己的行为所造成的其他可能后果……

# 第 8 章　我的计划是什么？

有时候，解决人和人之间的问题，需要一种更加复杂的技能，叫做手段-目标思考，或分步计划。大约在 8 岁的时候，那些解决问题能力强的孩子和解决问题能力不那么强的孩子，在这个技能上就会表现出明显的不同……孩子们需要把几项能力结合起来，才能制订出好的分步计划……

# 第 9 章　"我能解决问题"的高级技能：
## 综合运用多种技能

在这一章，我们将看到如何将"我能解决问题"的各种技能结合起来——首先是将两项技能结合起来，然后是三项——帮助孩子们解决他们所面对的问题。

- 交朋友
- 终止友谊
- 应对恐吓
- 当父母要求孩子终止友谊时

# 第 10 章　"我能解决问题"法适合我吗？
## 父母们关心的一些问题

那些对孩子的行为给予更多思考的父母，也会更多思考自己的行为。

# 第 11 章　一份"我能解决问题"测试卷

我设计了一个测试，来看看你能否熟练地将"我能解决问题"法与"权威法"、"建议法"和"解释法"区分开来。

# 后记　预防十几岁的孩子出现严重问题
##     吸毒、怀孕、暴力

# 第 *1* 章

# 行为不同的孩子思维不同

解决"人"的问题与解决数学问题同等重要。

在 8～12 岁这个阶段，孩子们要经历生理、人际交往、情感和认知能力方面的迅速变化。而且，各个方面的变化不是同步的。我们经常会遇到六年级的学生外表上看上去像八年级的，但行为和思维却像五年级的学生。

在如何处理问题方面，孩子们也会表现出很大的不同。让我们来看四个 12 岁男孩的例子吧。如果一个男孩儿的朋友拒绝了他放学后一起回家打电子游戏的邀请，这个男孩儿可能会感觉被朋友抛弃了。第二个男孩儿可能不接受朋友的拒绝，并以威胁相回应。第三个孩子在遭到朋友的坚决拒绝时，可能会再寻找另外一个办法劝朋友改变主意，因而可能不会放弃努力。第四个男孩儿可能会问朋友为什么会拒绝自己的邀请，在考虑过朋友的解释之后，会找新的理由再次向朋友发出邀请。

一个孩子对典型的人际交往问题——比如自己的邀请被拒绝——的反应方式是很重要的。那些有解决人际问题能力的孩子往往能够茁壮成长，而那些缺少这种能力的孩子日后可能会出现交往问题。

父母如何对这些典型问题作出反应，对孩子也有很大的影响。有些反应能以积极、健康的方式引导孩子的行为，而有些则不能。在下一章，我们将看看父母处理孩子们冲突的几种不同方式，以及怎样才能帮助孩子培养解决问题的特殊能力。

现在，让我们来认识三个孩子，并比较一下他们在解决问题时是如何反应的。这三个孩子以及本书中重点提到的其他孩子，是我在工作中打过交道的很多孩子综合起来的；然而，所有的情境和对话都是真实出现过的。

尼古拉斯，一个10岁的男孩子，很受同龄人的欢迎。不但在放学后有很多孩子找他玩儿，而且他在学校也有许多玩伴：他的同学不但想让他加入到自己的功课互助小组中来，而且还想让他加入他们的运动队。他偶尔也会发脾气，或者表现出不耐烦——尤其是对他8岁的妹妹——但大多数时候都能够控制自己的脾气。而且，在大多数情况下，他知道如何处理无法立刻得到想要的东西时的失望情绪。

莎拉，一个11岁的女孩，她想和别的孩子一起玩儿，但经常被拒绝，她既不要求也不接受同龄人的帮助。当她想得到什么的时候，就会做出攻击性举动，而当她不能如愿时，就会发脾气。莎拉是许多攻击性强的女孩的一个典型，她对别人的恐吓更多是口头上的，而不是身体攻击。如果同龄人不把她想要的东西给她，她就冲她们大喊大叫，争吵，威胁。如果被激怒到极限，她也会对同龄人进行身体攻击。在班里，她常常扰乱

2

课堂并撒谎。

唐娜，一个很聪明的 9 岁女孩，非常渴望和其他孩子交朋友、一起玩儿。没有哪个孩子是真正不喜欢她，他们只是不知道她的想法。她会站在一旁观看，等着其他孩子邀请她玩儿，而想不出如何通过自己的努力得到邀请的办法。很快，她就会放弃并走开。她的感情会受到伤害。

研究表明，一些像唐娜这样胆怯或害羞的孩子并非遭到了其他孩子的拒绝，而更多地只是被其他孩子忽视了。这种孩子可能会害怕加入到同龄人中去，并且在被老师叫到时，害怕大声回答问题——这对于那些害羞的 8～12 岁孩子来说，尤其困难。通常，他们会放弃与其他孩子建立良好关系、表达自己的情感、维护自己权利的努力。

在"我能解决问题"的培训中，在给孩子们及其父母进行培训之前，我会先评估一下孩子们解决问题的能力。为此，我让他们考虑可能会遇到的几种社会情景。目的是想确定他们对引言中提到的五项"我能解决问题"能力——理解别人的感受和看法、理解动机、寻找多种解决办法、考虑后果、分步计划——掌握到了何等程度。

## "我能解决问题"技能之一：理解别人的感受和看法

为了了解孩子对他人的感受是否敏感，以及敏感程度，我让尼古拉斯、莎拉、唐娜每人画一张画：画两个孩子，一个孩子悲伤，另一个高兴，没有再给他们提供更多的信息。我要求他们给画出来的两个孩子编一个故事。

尼古拉斯编的故事是这样的：

科里（高兴的男孩）问伯特（悲伤的男孩）出了什么事。

伯特说："我的狗快要死了。"

科里说："我保证你的狗会没事的。"

伯特哭得甚至更厉害了，说："不，它不会好的。因为一辆小汽车从它身上轧过去了。"

"是的，我知道，"科里说，"但他们带它去看一个医术很高明的兽医了，兽医正在给它做手术呢。"

"可是，科里，汽车撞到了它的头。"

科里极力想使伯特感觉好一些。他告诉伯特："但并不是很严重。"

但是，伯特仍然很难过："可是，它要是死了怎么办？我该怎么办？"

科里说："首先，它不会死。其次，无论发生什么事，你的家人和我都会帮助你。所以，我们进屋等兽医的电话吧。"

"谢谢你，科里。"

在这个虚构的情境中，尽管尼古拉斯没有亲身经历过这些情感，但他塑造了一个理解并同情别人的感受的男孩子。通过故事中的科里，尼古拉斯能够跳出自我，关注伯特的需要，而不是他自己的需要。

莎拉画了两个女孩，以一种不同的方式描述了她们的对话：

米西是高兴的女孩，巴菲是难过的女孩。巴菲告诉米西："我丢掉了冠军。我扔出了球，可没有人接住，我们输掉了这场比赛。"

4

米西说："不要着急，你已经赢了一场了。"

"但这一场不一样，它对于我来说更重要，因为这是我参加联赛的最后一场比赛。"

米西告诉巴菲不要感到难过——明年她会赢得冠军的，然后说："难道你不讨厌我们午餐吃的那些汉堡吗？干巴巴的。"

莎拉清楚地知道巴菲为什么难过。但是，在莎拉编的故事里，米西并没有听巴菲解释自己感到难过的原因——因为这是她在联赛中的最后一场比赛，她忽略了巴菲的解释，并说巴菲明年会赢得冠军。米西回避了处理巴菲的悲伤情绪，没有理会巴菲的解释，然后就转移了话题。

唐娜描述了两个小姐妹的故事：

正在哭的女孩是9岁的麦迪。12岁的姐姐莉萨让麦迪感到难过，因为姐姐告诉她，父母更爱她而不是妹妹，麦迪信以为真了。麦迪把自己锁在房间里。父母想让麦迪出来吃点东西，就问她："发生什么事了？"麦迪说："莉萨说，你们更爱她。"

父母说："不，不是这样的。我们对你们两个的爱是一样的。"然后，麦迪感觉好多了。

有趣的是，唐娜把高兴的女孩描绘成了一个使别人感到悲伤的人。有时候，编故事会让羞怯的孩子有机会表达自己无法在现实生活中表达的内心想法。

概括一下这三个孩子对待那个感到悲伤的孩子的方式，我们可以看到，尼古拉斯描绘的孩子能主动帮助悲伤的孩子，莎拉描绘的孩子回避悲伤，而唐娜让另外的人（麦迪的父母）化解高兴的女孩挑起来的悲伤情绪。

# "我能解决问题"技能之二：理解别人的动机

为了评估孩子们对人的行为动机的理解程度，我虚构了一个不与别人接触、没兴趣与其他孩子一起玩儿的孩子。我告诉这三个孩子："这个孩子似乎不想交朋友。一个孩子会因为什么而不想交朋友呢？"

作为社会能力很强的同龄孩子的一个典型，尼古拉斯理解人的行为可能会出于各种原因，并且能轻而易举地给出很多解释。有趣的是，这些解释可以分为两类。第一类考虑了表面的、外在的动机，比如"他不喜欢别人，所以也就没有人喜欢他"。

但是，他还能够看到表面现象背后的原因，并举出了几个不那么明显的动机："也许他的父亲很穷，不想因此而感到尴尬，也不想让他的孩子感到尴尬"，还有"他认为人们一直在利用他"。

莎拉像很多攻击性强的同龄孩子一样，强调的是更表面化的原因，她说："她有一个别人没有的东西，不想让任何人从她这里把这个东西拿走。"

唐娜像尼古拉斯一样，也能够看到表面现象背后的原因，她说："也许人们总是伤害她的感情。"但是，她也像莎拉一样，只提出了有限的几个原因。唐娜想不出人们做出一种行为的更多原因，这会妨碍她对别人真实感受的理解，使她不知道怎样帮助别人感觉好起来，不知道自己在与别人发生冲突时如何对待那些感受。

正如我将要在第5章讨论的那样，理解一个人在某一时刻的行为与理解一个人一贯的行为是不一样的。

## "我能解决问题"技能之三：
## 找到可替代的解决方法

为了解尼古拉斯在面对两个人之间发生问题时思考的灵活性，我让他考虑下面这个假设情境："约翰尼让丹尼尔跟他一起打球，丹尼尔拒绝了。那么，约翰尼要怎样做才能让丹尼尔和他一起玩球呢？"

"去请他。"尼古拉斯说。

"这是一种办法，"我说，"你还能再想一个办法吗？"

尼古拉斯又想出了七种方法。他建议，约翰尼应该：

· 一直等到丹尼尔无事可做，并可能感到无聊时。

· 告诉丹尼尔，他会让很多孩子来玩球，大家可以一起玩儿。

· 提出帮助丹尼尔做家庭作业，然后请他去玩球。

· 提出一个暗示，丹尼尔会明白的。

· 教丹尼尔如何打篮球。

· 向他发起一场篮球赛，并且让他赢。

· 对丹尼尔进行催眠，然后再提议打球。

大多数受同龄人喜爱的人际能力强、情商高的孩子，都能像尼古拉斯这样想到七八种解决这类问题的不同办法。

而不论莎拉还是唐娜（将假设情境中两个孩子的名字换成女孩儿的名字），都至多只能想到三四种解决办法。她们提出的办法还经常是同一种方法的不同方式。比如，莎拉的一个办法是问："你为什么不和我一起玩儿？我会和你一起玩儿。"然后，她又提出了第二个方法："我会邀请你参加我的派对。"紧接着仍然是重复同一主题，她的第三个方法是："我会邀请你到我家里玩儿。"以及"我会带你去看电影。"尽管莎拉每次想到的是邀请女孩去不同的地方，但每个办法的主题都是"邀请"。最终，莎拉实际上只想到了两种不同的办法。

唐娜能想到三种解决问题的办法。她费了很大的劲儿，才想出了让另一个孩子和她玩球的几种办法，她说："告诉她，我会成为她的朋友。""如果她遇到了困难，我会帮助她。"以及"告诉她，她们要玩一个女孩子玩的游戏。"她在最后一个办法的基础上提出了几个不同的方法："告诉她，她们可以打排球。"以及"让我们玩传球吧。"

## "我能解决问题"技能之四：考虑后果

为了看看这些孩子对自己的行为给自己和别人所造成的影响有多少理解，我假设了这样一个情境：约翰尼（或露丝）想要丹尼尔（或洛尼）正在玩的一个球，并把这个球偷走了。然后，我让孩子们想想接下来可能会发生的各种情况。尼古拉斯想到了很多后果，而且这些后果可以明确分为两类。第一类，我称之为"外部后果"，因为是由别人施加的：

· 约翰尼可能会惹上麻烦。
· 当丹尼尔发现后，约翰尼可能会遭到一顿痛打。
· 丹尼尔可能会散播关于约翰尼的谣言。

·丹尼尔可能会偷约翰尼的钱。

·丹尼尔可能会说："你以后永远都别想再玩我的球了!"

但是,尼古拉斯还认识到,一种行为对作恶者和受害者可能都会产生心理影响,我将这种后果称为"内部后果":

·丹尼尔会因为有人拿走了他的球而感到难过。

·丹尼尔会因为球不见了而着急。

·约翰尼会因为自己使别人生气而感到不安。

这表明,尼古拉斯理解一个行为会影响到别人的感受,而且他能够与别人共情。

莎拉也能够想到露丝拿走了洛尼的球之后会发生什么事情,但她只想到了对于作恶者的外部后果,而没有想到对受害者共情的内部后果。

·露丝会惹上麻烦。

·洛尼会告诉老师。

·洛尼会偷露丝的东西。

·洛尼会骂露丝笨蛋。

然后,莎拉就一直在重复最后一个后果的主题。她补充说:"洛尼会告诉露丝,'无论怎样,你休想再玩我的球了。'"以及"洛尼会告诉露丝说她是个傻瓜。"这两种方式都是称露丝为"傻瓜"的不同说法而已,因为都是在贬低露丝。

莎拉或许在现实生活中体验过这些后果,但这并没有阻止她继续自己的攻击行为。也许她已经对这些后果有了"免疫力",

也或许因为这些攻击行为会让她得到自己想要的东西，也可能是她不知道还能做些什么。

唐娜正如我们在前面看到的那样，她能理解别人的感受，她说："洛尼可能会哭。"尽管唐娜想到的这个后果比莎拉的更共情，但她想不出更多的可能性，这会妨碍她对这一错误行为做进一步思考。

同情（对身陷痛苦者感到不幸）和共情（对他人的痛苦感同身受）本身并不是能力，但对于人们能否很好地解决问题有着重要影响。那些能够想出多种可供选择的解决办法，并能思考这些办法可能会使别人有什么感受的孩子，能够成为解决问题的能手。

## "我能解决问题"技能之五：分步计划

同样，那些能在计划一件事情时把别人的感受考虑在内的孩子，也能够成为解决问题的能手。为了评估孩子们这方面的能力，我让他们就交朋友这件对于孩子来说很重要的事情给我讲个故事。我让他们想一想，一个刚刚搬到新社区的孩子怎么交朋友，并让他们告诉我所发生的每一件事。这个办法是由乔治·斯皮沃克和默里·莱文提出来的，用于评估青春期的孩子为发展良好的人际关系而筹划一系列步骤、预见实现这一目标的潜在障碍以及认识到解决问题需要时间的能力。

下面是尼古拉斯讲的故事：

*首先，艾尔去找领头的孩子（一群孩子中最受欢迎的男孩）*

聊。他发现，这群孩子喜欢篮球，但艾尔却不知道怎么玩。当艾尔与领头的孩子熟悉之后，他让这个孩子把大家带到冰球场。孩子们到了冰球场，看见艾尔正在练习射门。所以，孩子们就问艾尔："你愿意教我们吗？"于是，艾尔就教了他们，然后他们就组成了两个队，孩子们很喜欢，艾尔就有了许多朋友。

像其他社会能力强的孩子一样，尼古拉斯很善于按事情发生的顺序制订计划。他的计划包括前后两个步骤——第一步，和领头的孩子聊；第二步，弄清楚孩子们喜欢玩什么。这两个步骤之间存在一个障碍——艾尔不会玩这些孩子喜欢玩的游戏。接下来，是对交朋友需要时间的认识（当艾尔逐渐和领头的孩子熟悉起来之后）。他甚至增加了实现目标的另一步骤——让他们对另外一项体育活动感兴趣。

我让莎拉就类似情景编一个故事，这个故事的主角是一个叫安尼塔的女孩。

安尼塔看到一大群孩子在玩儿。她让她们玩飞盘，她们答应了。她们玩着飞盘，开心地大笑着，但由于要跑很远去捡飞盘，所以很快就累了。她们确实能扔很远。

我们看到，在莎拉的故事里，没有连续的步骤。相反，她只提出了一个单一步骤的解决办法——让那群孩子玩飞盘。她对这个问题的解决方法是直指目标，而没有考虑怎样才能最好地达到目标。她既没有认识到有可能妨碍实现目标的潜在障碍，也没有考虑到交朋友可能需要时间。事实上，她的故事描述的大部分是目标实现之后才会发生的事情。

莎拉所讲的故事中并没有负面的、强迫别的孩子的内容。可是，莎拉在现实生活中的行为方式却是攻击性的。应该怎样理解这一显而易见的矛盾呢？原因在于，莎拉想到了什么，不如她是怎么想的更重要。故事的目的是交朋友，而莎拉直接跳到目标，对于交朋友需要时间没有任何认识。这表明她的思考非常冲动。但是，除了缺乏计划能力之外，她还无法考虑别人的感受。总之，这些能力的不足使她在生活中无法成功地与人相处。这就是我所说的，孩子的行为不是由他想到了什么来决定的，而是由如何想的来决定的。思考的过程要比所想的内容与行为的联系更紧密。

唐娜在自己编的故事中，对于自己无法克服羞怯心理的感受体现得很明显。

安尼塔在学校向同学们做了自我介绍。然后，她就等着有人请她去玩儿，但没人请她，她很伤心。但是，之后有个女孩儿请她去玩儿。所以，现在安尼塔有很多朋友，她不再孤独了。她们一起玩耍，大声欢笑。安尼塔现在非常快乐，因为她有了很多朋友。

唐娜能认识到安尼塔的感受——伤心，然后是高兴——而且对于安尼塔为什么会有这种感受很敏感。她还意识到了一个障碍：安尼塔没有被邀请去玩儿。而且，她也提到了时间："她就等着。"然而，像很多不能加入到一群孩子中的孩子一样，唐娜的计划能力很差。因为她过于被动，最终要等很长时间，而这会使她感到难过。我们也注意到，安尼塔自己并没有采取任何措施来改变自己的处境；她经历了没有人邀请自己玩儿到受到邀请的过程，但没有提供这一过程发生的步骤。她的朋友好像中了魔法一般邀请了她。

像莎拉一样，唐娜的故事也缺少连续的步骤。然而，与莎拉不同的是，她惟一的策略（让安尼塔做自我介绍）遇到了障碍。但是，在她们两个人的故事中，都没有制订行动计划。

尽管这一能力与"寻找多种解决办法"的思维过程相似，但实际上它更复杂。寻找多种解决办法的能力需要的是考虑不同的、彼此没有联系的办法。制订分步计划则要求具备洞察力，能够预料到可能出现的潜在障碍，并有效地加以防止，而且，还要有在障碍无法克服或在心理上无法克服时的备用方案。这一过程还有另外一层含义，即目标并不总是能立即实现。还有一个时机问题，就是要知道在某些时刻采取行动比其他时刻更有利（例如，等一个人心情好的时候再请他帮忙比较好），我将在后面再介绍这个问题。

## "我能解决问题" 技能的实际应用

作为一个善于解决问题的孩子，尼古拉斯在现实生活中比莎拉和唐娜能更好地运用"我能解决问题"的技能。

当一个朋友在最后一刻打电话给尼古拉斯说自己生病了，不能和他一起去看电影的时候，尼古拉斯想要告诉朋友无论如何都得去，因为已经安排好了车——他父亲已经请了假，正在回家的路上。但就在要开口之际，他意识到这是只在为自己着想。于是，他告诉朋友，希望朋友快点好起来，等朋友病好了给他打电话。之后，尼古拉斯并没有愁眉苦脸地在房间里走来走去，而是给另一个朋友打了电话，邀请他去看电影，朋友爽快地答应了。

让我们来看看尼古拉斯的计划。他先考虑了一下自己想说的话，并意识到这些话没有考虑到朋友的感受以及朋友生病的事实。他没有沮丧地大发脾气，而是相信朋友没有说谎，相信朋友确实很想去。尼古拉斯还认识到，此时并不是强求朋友和自己一起去的好时机（分步计划的一部分）。之后，他想到了一个顾及到正在往家赶的父亲的办法，即给另一个朋友打电话。

莎拉解决问题能力的不足，在她的生活中也反映了出来。她告诉我，有一次，她邀请一个同学放学后和她一起玩儿，而那个女孩儿说妈妈要带她去购物。因为以前曾经被拒绝过很多次，莎拉就认为这个同学并不是一定要和妈妈去买东西，于是便威胁说："你会后悔的。放学后我去找你。你不能和你妈妈去买东西。"

莎拉为什么要说这种威胁的话呢？不是因为她想不到后果。像其他攻击性强的孩子一样，她能想象到接下来会发生什么——也许同学会以威胁作为回应，也许会受到这个女孩父母的严厉指责，甚至会被这个女孩永远拒绝。但是，这并不能阻止她威胁同学，尽管她知道自己实际上不会将威胁付诸行动。我相信，她只是不知道还能怎么办。由于她的计划能力有限，而且想不出其他解决办法，也不能站在别人的角度考虑问题，她就采取了一个策略——诉诸威胁，而这样做的结果与她想要的结果恰恰相反。

在现实生活中，唐娜像莎拉一样，因为想不出解决问题的办法而陷入了困境。她告诉我，她有一次在排队时撞到了一个女孩子。那个女孩子把她告到了老师那里。唐娜确信那个女孩很生她的气，然而，她没有能力采取措施来补救。唐娜呆住了，不知道怎样去找那个女孩儿并弥补自己的过错。她甚至变得更加害怕那个女孩儿了。

显然，了解别人的感受并对别人的感受保持敏感，对于解决问题很重要。实际上，对别人情感的了解和敏感，是解决问题能力的先决条件，因为这能使我们想到不同的办法来解决冲突。但是，只有这些是不够的。我们还需要解决问题的具体技能。正如唐娜的例子所表明的那样，为了减轻自己的焦虑，我们必须知道怎样对待别人的愤怒。

莎拉和唐娜都想交朋友，但她们不知道怎样实现自己的目标——莎拉的办法赶走了朋友；唐娜是不知道该怎么办。

莎拉和唐娜在学校的成绩都不好，尽管她们有取得好成绩的能力。唐娜是那些有能力取得好成绩，但总是得不到好成绩的聪明孩子的一个例子。这两个女孩对交朋友的专注阻碍了她们将精力用在功课上。她们拥有朋友、受同龄人欢迎的渴望，消耗了她们的精力，但她们不知道如何实现。学习上的成功——这不涉及人际交注——常常取决于人际交注和情商的能力。

尽管莎拉和唐娜的行为仍然在"正常"范围内，但她们的行为仍然让人感到不安。我的研究表明，"我能解决问题"法能够帮助像莎拉和唐娜这样的孩子学会做出负责任的决定，并学会对自己的成功感到骄傲，而不是对失败感到沮丧。

有些社会适应能力很强的孩子对"我能解决问题"方法的掌握并不比尼古拉斯好，也有一些攻击性强或退缩的孩子解决问题的能力比莎拉和唐娜的强。但是，我在工作中与成百上千个孩子打交道的经验表明，相似的行为方式通常伴随着相似的思考方式。

# 能力强的孩子为什么仍然需要"我能解决问题"法？

尽管尼古拉斯已经具备很高的情商和很强的解决问题能力，但是，他仍然能够从"我能解决问题"法的训练中受益。首先，人际交往技能的学习是没有止境的。即使是能力最强的孩子也能变得更强。比如，尼古拉斯发现自己常常会被妹妹激怒。还有一些时候，他不听父母的话。他并不是总能在把自己的想法付诸行动时坚持到底。他可以学会在这些情况下如何运用"我能解决问题"法更好地解决问题。

而且，尼古拉斯在日常生活中遇到的孩子，可能并不都像他那样有解决问题的能力。他自然会遇到一些对他说伤害感情的话或妨碍他实现自己愿望的孩子，甚至是成年人。与兄弟姐妹、父母以及同学之间的冲突，在孩子的成长过程中是不可避免的，但是，学会解决问题会使这个过程更加愉快、更加成功。我的目标并不是要消除这些冲突，而是要帮助孩子们学会解决冲突，帮助他们学会理解别人的看法和感受，培养他们解决造成冲突的问题的能力。

一些社会适应能力强的孩子可能会对"我能解决问题"法的某一方面很擅长，比如能够为实现一个目标而制订分步计划，但他们在考虑可能会阻碍计划实现的障碍、完成计划需要多长时间或者实施计划的最佳时机时，就明显能力不足了。还有一些社会适应能力强的孩子完全能够想到可能会出现的障碍，但却没有能力采取行动。因为，他们一想到"因为……所以那行不通"，就变得无能为力了。只有"我能解决问题"法才能让这些孩子获益。

最后，"我能解决问题"法是一个很好的预防。即使像尼古拉斯这样的孩子，今后也会遇到很多问题，包括同龄人的压力、受别的孩子的欺负或者尝试毒品的诱惑。我的研究表明，那些受过"我能解决问题"技能训练的孩子——不论是学龄前儿童，还是青春期前的孩子——比起那些没有这个优势的孩子来，会具有更强的社会能力和更高的情商，这或许是因为这种训炼有助于强化并巩固孩子们做出正确决定的能力。

所有的孩子，不论其能力有多强，都将在成长过程中面临意想不到的新挑战，而且，父母并不能总是在身边保护他们。那些让孩子知道，父母对于孩子思考如何说、如何做很重视的家长，培养的孩子更有可能在需要时运用这项技能。

我的目标是：使孩子解决问题的能力得到充分的发展，让他们知道怎样行动，以及何时行动，让他们能够主导自己的生活，从而成为能够做出正确决定的善于思考、能够理解别人的感受的成年人。

下面，我们来看看父母怎样才能培养孩子的这些能力。

第 $2$ 章

# 四种养育风格

如果我们改变了自己和孩子说话的方式，也就改变了他们和我们、和其他孩子以及和他们自己的说话方式。

当父母想改变孩子行为的时候，他们会怎么说呢？在多年的观察和研究之后，我得出的结论是，父母们在大多数时候会采用以下三种方法之一：运用权威，给孩子建议，或进行解释。

显然，当试图改变孩子的行为时，并非我们所说或做的每一件事都能归于上面这三种方法中的某一种。有时候，我们会同时采用两种或三种方法。尽管如此，用这一概括性的分类来考查一下我们的行为还是有用的。这有助于我们搞明白"我能解决问题"法对于 8 ~ 12 岁的孩子有着怎样独特的重要性。

让我们来看看父母们最常用的这三种方法。

# 权威法

运用这种方法的父母认为，他们能够通过强硬的态度和把自己的意愿强加给孩子，来影响孩子的行为。他们自认为是权威，经常：

· 大声嚷嚷，好像声音越大越能引起孩子的注意。
· 贬低、羞辱和奚落孩子，例如："你这么笨，再做一遍!"
· 一再问一些反问性的问题，例如："我还要告诉你多少次……!"
· 体罚，比如打手或打屁股。

这种方法可能会使孩子屈服，但却剥夺了孩子的自身力量感，并使他们感到气愤和沮丧，而不是对自己所作的事情感到骄傲。因为所有的人都需要对自己的生活有一种控制感，所以，那些在家里体验不到这种控制感的孩子，就会到别处去寻找。通常，他们会在一个更安全的环境中寻找这种感觉，比如在学校里，他们就会以父母在家里对待他们那样的方式对待别的孩子。这是孩子变得富于攻击性的一个原因。受到父母贬抑的孩子会认为，要感觉到自己的强大——像他们的父母那样强大——就要削弱别人的力量。尽管并非每一个受到父母这种对待的孩子都会变得富于攻击性，但是，心理学家们发现，大多数富于攻击性的孩子的父母采用的主要是这种方法。

而且，大声嚷嚷和打孩子向孩子传递了这样一个信息：这些表达方式是可以接受的。莎拉的父亲听到她对 4 岁的弟弟大喊大叫，还因弟弟在她做作业时"缠着"她去玩儿，而骂了弟弟。父亲向她大吼道："我还要告诉你多少次，不要那样和弟弟说话！马上回你房间去，想想自己都做了些什么！"如果说莎拉回到房间后会想些什么，那很可能是如何报复。或者，她有可能感到奇怪，为什么爸爸可以对她大声嚷嚷，她对弟弟嚷嚷就不行。她很可能会得出这样一个结论：尽管爸爸告诉她不要大声嚷嚷，但嚷嚷也没关系。

然而，最有可能的是，莎拉什么都没想。她感到的可能是自我保护的需要，想把爸爸的大声喊叫拒之门外。爸爸真正要表达的意思对她不起任何作用；这些话在她听来成了对她的攻击。

这种管教方式从短期来看似乎是有效的——莎拉最终顺从了爸爸，不再骂弟弟了。但是，她这种表面的改变，远远不如她为什么改变更重要。她的内心并没有改变——她仍然不理解为什么自己不应该大声嚷嚷，而且还没有开始考虑自己或弟弟的情感。她不再对弟弟大声喊叫，只是因为她不想让爸爸对她喊叫。运用权威法的父母似乎达到了自己的目的，但常常要付出极高的代价——父母和孩子都感到气愤、无奈和沮丧。

有些孩子会以其他方式对这种管教方式做出反应：他们产生了"免疫力"，表现得好像根本不害怕惩罚一样。达到自己的目的或者通过发泄愤怒来减轻自己的沮丧感，对他们来说变得如此重要，以至于他们学会了忍受任何暂时的痛苦。一旦孩子发展到这个阶段，他们的行为就可能完全无法控制了。莎拉的爸爸连珠炮似的问题和愤怒，对她将会没有任何影响——她根本不在乎。

想一想这预示着什么吧。如果她不在乎爸爸冲她大声嚷嚷，她怎么可能会在乎当她这样对待弟弟时，弟弟有什么感受呢？权威法实际上会阻碍孩子培养共情能力，而正如我们很快就会看到的那样，共情能力是学会解决问题技能的一个先决条件。事实上，所有有意义的行为改变，都植根于孩子的共情能力。而且，可以说，大多数攻击性强的孩子都无法与人共情。

还有一些孩子，可能会对权威法作出另一种反应。像唐娜那样的孩子可能只会选择退缩，什么也不敢做。甚至当父母以一种"爱"的方式运用权威的时候，孩子们也并非总能感受到父母想要表达的温情。例如，从唐娜上幼儿园的时候开始，她的父亲就试图在打唐娜的时候，通过告诉她"我爱你"来使自己的惩罚显得更温和一些。正如我们将要看到的那样，唐娜听到的是"权威"；爸爸说的"我爱你"只会使她困惑。最后，她会像莎拉一样感到自己被剥夺了权利。

## 建议法

有些父母一看见孩子遇到冲突，就提出建议。当莎拉冲弟弟大声嚷嚷的时候，如果莎拉的父亲使用建议法，他可能会对她说："你只要跟弟弟好好说不要打扰你就行了。"或者"告诉弟弟你正在做作业，你稍后会和他玩儿。"在这种情况下，这都是非常合理的建议。但是，问题不在于莎拉的父亲说了什么。建议法的真正问题在于父母在替孩子思考。

例如，8岁的乔安妮每天回家时都嘟着嘴，因为她的朋友丽塔不和她一起玩儿。乔安妮的妈妈急于帮助女儿，就说："你为什么不告诉她，你会邀请她去游泳呢？"当乔安妮说丽塔不想游泳的时候，妈妈还是不愿意放弃，说："也许她愿意到我们家里来看录像。"但是，要是丽塔也不想看录像，那该怎么办呢？乔安妮可能会觉得再也没有办法了。而且，面对妈妈提出的建议，她没有机会提出自己的想法。

当父母和孩子之间出现问题的时候，父母们也经常使用建议法。例如，当孩子不想做家务的时候，许多父母就建议："试一试放学后一到家就做家务，一直到把家务做完。"通常，孩子们会说："我必须先做家庭作业，否则就来不及了。"那些把孩子的这种回答理解为顶嘴的父母，就会转而采用权威法。而家务活还是做不了。

确实，当孩子面对新情况的时候，家长偶尔提些建议会有帮助。然而，当父母主动考虑解决办法的时候，孩子就始终是被动的。如果父母经常使用这种方法，就会抑制孩子的思考过程、自我表达和情感。有些孩子可能就会不假思索地盲目寻求并采纳别人的建议，而像莎拉那样的孩子，可能就会在爸爸或妈妈不在身边时，选择攻击性的行为。尽管建议法比权威法更积极一些，但是，如果教给孩子解决问题的技能并给予他们自己做的自由，孩子们就更有可能按照他们自己的方法采取行动。

## 解释法

许多父母意识到，仅仅给孩子提供建议是远远不够的，所以，他们就努力给孩子作一些解释。有时候，尼古拉斯的妈妈会说："你那样和妹妹说话，她会感到很生气。"以及"你那样和妹妹说话，我感到很生气。"

运用托马斯·戈登在其经典著作《父母效能训练手册》里提出的"我式句"向孩子解释事情，在今天是很流行的，而且，许多养育专家都推荐这种方法。尽管这的确不会像说"你使他感到难过"这样的话那么容易引起孩子的内疚感，但是，这种方法最终也不会有效果，因为还是父母在起主导作用，孩子仍然是被动的。他们没有积极参与，而只被要求听。而且，尽管尼古拉斯的妈妈和儿子谈的是感受——这是解决问题的一个重要部分——但一直都是她在说，而没有人听。

我还听到很多父母说，他们在孩子出现不端行为时并不惩罚孩子，而是会和孩子谈孩子所做的事情。一位妈妈说："我从来不打女儿，也不冲她大声嚷嚷，而是和她讲道理。"当我让她举个例子时，她说："当迈尔在学校和同学打架时，我会告诉她，她不会再有任何朋友了。"然而，迈尔还是和同学打架。

同样，9岁的杰夫有时会因为弟弟玩他的飞机模型，而非常生气地打弟弟。这时候，杰夫的父亲会说："如果你打弟弟，可能会伤着他。"或者"当你打他的时候，弟弟会感到很伤心。"

杰夫总是会点头，好像明白了，但是他还是会打弟弟。杰夫的父亲和迈尔的妈妈都感到困惑不解。他们无法理解孩子的行为为什么没有改变。但是，这正说明了解释法的第二个问题：父母永远无法确定孩子是否理解了他们所说的话。

最终，解释法也达不到目的，因为孩子对父母的解释没反应。孩子们会开始觉得每一个解释好像已经听过了一千遍似的，所以就没有必要听了。最后，尽管这种方法比建议法更复杂，但同样没有效果。

# 解决问题法

解决问题法与上面所描述的其他方法的不同之处就在于，这种方法让孩子们参与到了思考过程中，让孩子思考自己在做什么以及为什么。当孩子们真正参与到交谈中时，他们就不会对此没反应了。

让我们回头再看看迈尔和杰夫的故事。假设有一天，在迈尔告诉妈妈她在学校和人打了架之后，妈妈尝试了一个新办法。她没有像往常那样对女儿说："如果你打了别的孩子，你就不会有朋友了。"而是问："你想一想，你打了那些女孩之后，她们可能会说什么或做什么呢？"

如果杰夫的爸爸不说"当你打弟弟的时候，他会感到很难过。"而是问："当你打弟弟的时候，你认为他会有什么感受？"或者"你能想一个别的办法来告诉弟弟，不经你允许就拿你的东西，你有什么感受吗？"

此时，这两个孩子都不大可能再茫然地点头，不大可能对这种交谈心不在焉了。向他们提出的问题，会鼓励并引导他们积极参与讨论。也就是说，解决问题法是惟一一种能让父母和孩子进行真正的对话，而不是父母唱独角戏的方法。

乔安妮的妈妈，曾经向女儿建议过一些能够邀请同学一起玩儿的方法，但她现在采用了解决问题法。她让乔安妮自己想办法。一天下午，乔安妮兴高采烈地回到家里，对妈妈说："妈妈，丽塔今天和我一起玩儿了。"

"你怎么做的？"妈妈问。

"我让她看了双股辫，她让我教她怎么编。"当乔安妮自己想出办法的时候，她感到多么骄傲啊！

下面，让我们就发生在一位爸爸和 11 岁的儿子德里克之间的一个问题，来比较一下这四种方法的效果。德里克想要一辆十挡变速自行车。这次交谈开始时，爸爸是在向儿子解释为什么不能买，并建议了该怎么办。

*德里克*：佩奇今天买了一辆十挡变速自行车。

*爸爸*：噢。

*德里克*：我什么时候能有一辆？

*爸爸*：我们以前说过这件事。你还太小。

*德里克*：我比佩奇大。

*爸爸*：佩奇个子比你高，也许他能控制得了。

*德里克*：可我自行车骑得比他好。

*爸爸*：你现在已经有了一辆很好的自行车。你为什么不和其他朋友一起骑你的这辆车呢？

*德里克*：我想和佩奇一起骑车。

（用这个方法已经说了这么多。尽管这位父亲问了"为什么"，但他实际上并没有真正问问题，而是在告诉儿子他认为儿子应该怎么做。）

*爸爸*：听着。十挡变速车太大、速度太快，不适合在我们这样一条路窄、汽车多的街道上骑。那太危险了。不管什么东西，只要我能买得起，我都会买给你。但是，你现在这么矮，骑这种车太危险了。等你再长大一些、个子再长高一点，我就给你买。

（德里克已经不再理会爸爸说什么了，他一个字都没听进去。他只听到"我得不到这辆车了"。）

*德里克*：你从来不给我买东西！

*爸爸*：不要跟我顶嘴！我已经跟你说过为什么现在不能给你买了，我不想再听你说这件事了。

就像许多作长篇大论的解释和提建议的父母一样，德里克的父亲感到很恼火，因为"德里克不听话"。由于感到既生气又沮丧，他不再跟孩子谈了。而且，德里克也感到既生气又沮丧。

下面是德里克的父亲学了"解决问题法"之后的情况。

*爸爸*：我知道，你现在就想要一辆十挡变速车，但我想让你认真考虑一下这件事，我会帮助你。

*德里克*：你会给我买一辆吗？

*爸爸*：是的，但不是现在。你能想出我现在为什么不想让你骑十挡变速车的一个原因吗？

*德里克*：想不出！

*爸爸*：你和佩奇一样高，还是不一样高？

*德里克*：不一样，他比我高。但是，我自行车骑得比他好。

*爸爸*：我知道你会这么想。但是，在路窄车多的街道上，骑一辆那么大、那么快的自行车，可能会发生什么事？

*德里克*：不会有事的。我会非常小心。

*爸爸*：你怎么知道你的注意力一秒钟也不会分散呢？要是那样，会发生什么事？

*德里克*：我可能会摔下来，甚至受伤。

27

爸爸：如果那样，你会有什么感受？

德里克：难过。

爸爸：如果发生那样的事情，你妈妈和我会有什么感受？

德里克：伤心。

爸爸：还可能会发生什么事情？

德里克：我可能会被汽车撞到。

爸爸：你希望发生那种事情吗？

德里克：不！

爸爸：那么，为了避免你从车上摔下来、受伤甚至被车撞到，你现在应该怎么做呢？

德里克：等我长大一点再买。爸爸，也许我现在可以骑一辆三挡变速车。那也比我现在那辆车好。

爸爸：这是一个办法。我们去自行车商店看看。如果安全，这是解决问题的一个好办法。


这次，父亲没有提建议、作解释，而是让儿子参与思考解决问题的过程。通过让儿子估计可能会出现的后果，使德里克理解了这些后果——因为是他自己想到的。而且，这位父亲没有把德里克排斥在讨论之外，而是听取了儿子的办法，并且说，如果安全的话，他愿意采纳儿子的办法。

通过提出问题，德里克的父亲最有效地运用了解决问题法。他帮助儿子专注于四项重要的技能，这四项技能是善于解决问题的人所必需的：


· 考虑自己的感受。

· 理解他人的感受。

· 了解行为的后果。

· 找到解决一个问题的多种办法。

这种思考还帮助德里克学会了等待——这本身就是一项重要的人生能力。总之，这个对话让德里克为自己和自己刚刚想出的办法感到骄傲。而他的父亲也为他感到骄傲。

在此，中国的一句古语对于我们来说或许有着特别的意义：

闻之不若见之，

见之不若知之，

知之不若行之。

乍看上去，"解决问题法"似乎过于复杂，而且所需要的时间太长。但是想一想，如果不采用这种办法，要想改变孩子的行为——或者哪怕只要改变一点——通常要多长时间啊。当德里克的爸爸使用解释法时，他说："我们以前说过这件事。"这表明这个问题已经存在一段时间了。然而，一旦德里克自己想出了一个办法，他的行为几乎立刻就改变了，而且，最令人感到高兴的是，这很可能是永久的改变。

从长期来看，使用解决问题法可以节省时间。一旦掌握了这个方法，就可以把对话缩短。例如，当德里克想和一些朋友在学校待到很晚的时候，爸爸只需要简单地说："这是个好主意吗？"再接着说一句："你能再想一个好主意吗？"三分钟之内，德里克就想出了一个折中的办法。

在本书中，我们从头至尾都会看到尼古拉斯、莎拉和唐娜的父母是怎样一步一步地学习使用解决问题法的。通过教孩子如何就眼前的重要问题做出正确的决定，你就是在帮助他们为解决自己今后将要面对的重要问题做准备。

理解培养一个善于解决问题的孩子的重要性，是我们刚刚迈出的第一步。后面，我们将探讨 8～12 岁的孩子如何学会用解决问题的方式来思考。

让我们开始吧。

第 3 章

# 我有什么感受？你有什么感受？

孩子必须首先在乎自己的感受，然后才能在乎别人的感受。

了解人们对于事情的感受，对于解决日常生活中经常出现的问题非常重要。要缓和一个人的愤怒、沮丧或恐惧，我们必须先要了解并理解他的感受。学会关注并认真对待别人的感受的惟一方法，就是首先要认真对待和关注我们自己的感受。

孩子的行为是以其感受为基础的。在能够理解别人的感受并做出决定之前，他们必须先了解并认真对待自己的感受。也就是说，孩子对情感的了解是一个循序渐进的过程。让一个不关注自己情感的孩子去关心别人的感受，就好像在还没有学会骑童车之前就让他骑自行车一样。

在我的工作中打过交道的孩子中，有几个男孩子经常为了得到自己想要的东西而打别的孩子。他们全都承认自己经常受到还击，但其中有一个孩子很快补充说："我不在乎，我要让他们看看谁说了算。"如果这样的孩子真的不在乎别人的感受，并且根本不在乎别人的反应，他们怎么可能会在意自己的行为对别人造成的影响呢？

莎拉经常使用威胁和激烈的言辞恐吓别的孩子，她知道别人不愿意理她，不和她一起玩耍，也不想和她做朋友。但是，就像那些"不在乎"后果的男孩子一样，莎拉既不考虑也不表达自己对那些被她惹恼的孩子对她的反应的感受。

尽管了解并在意自己的感受是极其重要的第一步，但一个人还必须要能感受别人的痛苦。如果莎拉能感受到那些被自己折磨或捉弄的孩子的痛苦，并且还能因为自己伤害了别人而感到难过，那么，她就容易找到别的办法来解决和同学之间的矛盾了。

唐娜像许多羞怯的孩子一样，她了解自己和他人的感受——她知道自己的某些言行可能会使别人生气——但是，因为她不知道如何对待自己的愤怒，她就退缩，并且对此无能为力。也就是说，她表现得好像不知道自己和他人的感受一样，但她实际上是知道的。

尼古拉斯又是怎样的呢？他不但能够考虑自己和别人的感受，而且，他与莎拉和唐娜不一样，他有解决问题的能力，知道如何对待这些感受。然而，在情绪激烈时，他并不总是能够运用这种能力，尤其是当他和妹妹塔拉发生冲突的时候，尽管塔拉不存在问题行为，但她在社会能力和情商方面都要比哥哥差一点。

## 孩子怎样看待情感？

所有的孩子从很小的时候开始，就能体验各种情感。区别在于，他们是否能够并愿意考虑自己的情感，以及怎样考虑这些情感。

父母有很多方法鼓励孩子的情感意识，但有一种非常简单的方法，所有的父母都应该尝试一下：问孩子有什么感受——当他们与别人发生冲突时，当他们得到赞扬时，当他们在游戏中输了时，或者当他们被自己最好的朋友拒绝时。这个简单的问题向孩子传递了一个非常重要的信息，让孩子知道："我在乎你的感受，并且我希望你也在乎自己的感受。"

父母越注意孩子的感受，孩子对情感的了解就越多。每个孩子（也包括成年人）对自己情感的了解程度有很大不同。孩子是逐渐了解自己的情感的。就像我在《如何培养孩子的社会能力》一书中说过的那样，很多孩子在大约4岁时就能够理解：

· 自己以及他人都有明确的情感。
· 对于同一事件，自己以及他人在不同的时间会有不同的感受。

情感意识的这两个方面，对于孩子如何感受、思考和行动都有很大的影响。

到8岁左右的时候，孩子们还能开始理解情感意识的另一个更加复杂的方面，他们会意识到：

· 对于一件事情，人们可能会有互相矛盾的复杂感受。

例如，一个8岁的孩子对奶奶的去世会感到难过，但又会因为奶奶不再受病痛的折磨而感到宽慰，以此来缓解失去亲人的悲伤。这有助于她处理自己的忧伤。

总之，那些能够理解人们对一件事在不同的时间会有不同感受的孩子（"我现在感到难过，但很快我就会感到高兴。"或"妈妈不会总是生气。"），能够把注意力集中到积极的情感方面，从而有助于从暂时的伤痛中恢复过来。那些能理解自己对于一件事情会有复杂感受的孩子，能够把注意力集中在好的感受上，并以此作为克服焦虑和恐惧的方法。这些技能，为孩子理解别人相互矛盾的感受，并帮助那些有类似痛苦的人铺平了道路。

## 谁应该参加？

谈论自己的感受对于所有的孩子都是有益的。大多数父母认为对于女儿来说确实如此，但说到儿子时，他们就会怀疑。他们担心儿子会由于害怕被取笑或谩骂而拒绝和朋友谈自己的感受，并且在家里也不愿意谈，因为"女孩子才那样做"。

确实，从孩子刚出生开始，父母——尤其是母亲——对女儿表达的情感就比对儿子表达的多。而且，当孩子到学前年龄的时候，父母和女儿谈论的情感（除了生气）也比和儿子谈的多。一些人认为，儿子一定不能表现出太多的情感，否则会被认为是"离不开妈妈的孩子"。然而，威廉·姆波洛克在其《真正的男孩》一书中说，如果父母不和儿子谈论情感，认为"男孩终究是男孩"，那么，儿子的反应就会是感到焦虑和悲伤——他会感到自己是被迫将这种情感掩藏起来的。这个恶性循环必须要打破。在我与4~12岁的男孩子打交道的工作中，我发现，如果在安静、平和的情况下问他们的感受，这些男孩子会和女孩子一样热心回应。不论是男孩还是女孩，表达情感都比压抑情感更有助于孩子成为善于思考和感受的人。

在和 8 ～ 12 岁的孩子交谈时，我发现，即使 12 岁的孩子也喜欢谈自己的感受，并且，一些孩子还喜欢在游戏中讨论感受。

## 学会"解决问题法"

我建议那些刚开始接触"解决问题法"的家长，在开始时，一次只集中于这种方法的一个方面，然后再把各个方面综合起来。

尽管 8 ～ 12 岁的孩子可能知道有助于他们解决问题的一些或全部情感字词，但是，在发生激烈冲突时，他们并不总是能想得起来。这就是"我能解决问题"技能训练刚开始时只集中练习那些用来描述人的情感的字词的原因——首先是孩子自己对于事情的感受，然后是别人（包括父母）的感受。这种循序渐进式的方法，对父母和孩子都有帮助——双方都需要时间来适应这种新的交谈方式。

### 什么时候开始学？

在家里，父母可以在方便的时候向孩子介绍这些情感字词。对于尼古拉斯一家来说，晚饭时间是个非常好的时机——全家人都围坐在一起，家里气氛安静而平和。莎拉的父母也利用晚饭时间，因为他们发现，谈谈感受有助于缓和在一天结束时偶尔出现的紧张气氛。而在唐娜的家里，父母则找了个不同的时间。由于羞怯，唐娜更喜欢每次只和一个家长谈自己的感受，通常是在晚饭后和完成家庭作业之前。

## 如何谈论情感字词？

要开始练习，只需要简单地说："我们要做些活动（或玩游戏），这些活动来自一个名为'我能解决问题'的方法。"

**注意**：如果孩子已经从《如何培养孩子的社会能力》一书中知道了"我能解决问题"法，你可以只简单地说："还记得我们玩过的'我能解决问题'游戏吗？现在我们玩一种新的版本，只是更难一些。你们准备好了吗？"

我们从高兴、伤心、生气、害怕、骄傲和沮丧这几个情感字词开始。4岁的孩子可能就知道这些词中的一些，但4岁孩子还体会不到这些感受。8~12岁的孩子仍然喜欢说这些字词，而且对这些感受常常有一种全新的视角，会让父母大吃一惊。

从"高兴"这个词开始，问你的孩子：

·什么事会让你感到高兴？
·什么事可能会使别人感到高兴？

当尼古拉斯的妈妈让他说出使他高兴的三样东西时，他立即回答道："一只新的棒球手套、巧克力蛋糕，以及刚来到我们家的小狗。"

因为想让女儿也参与讨论，妈妈也问了塔拉同样的问题。由于听了尼古拉斯的回答，塔拉也说了"刚来到我们家的小狗"，然后又说了"蓝莓派"和"当爸爸不对我大声吼的时候"。

为了使这个游戏更有挑战性，妈妈又问他们："你们认为什么能使一位奶奶和一个 10 岁的孩子都高兴？"尼古拉斯欢快地答道："收到一张生日贺卡。"

尼古拉斯和塔拉对"伤心""生气""害怕""骄傲"和"沮丧"这些词的练习也都很顺畅。塔拉特别喜欢用"沮丧"这个词玩记忆游戏。她想让父母知道，如果父母在她还不困时就让她上床睡觉，她会感到沮丧。而且，塔拉和尼古拉斯还喜欢一次考虑两个人，并说出这两个人的感受。塔拉说，她的朋友走了，这使她和她的朋友都感到伤心，而尼古拉斯补充说，当他的奶奶和老师给了他一样东西而他却忘了说"谢谢"时，会让她们伤心。

你可以自己提出几种人物组合，组合中的人有多么不同都没关系——比如一个警察和一个 4 岁的孩子——然后，让你的孩子自己也想出一些不寻常的人物组合。

即使像唐娜这种平时很退缩的孩子，对这些问题的反应也很热心。通过这种方式的练习，她的父母对女儿的感受有了出乎意料的深入了解。当被问到什么事使她感到高兴时，唐娜回答说："当妈妈说'我爱你'的时候。"妈妈感到有点尴尬，因为丈夫就坐在旁边，所以她又问唐娜："当爸爸说'我爱你'的时候，你有什么感觉？"唐娜说："会让我感到伤心。"唐娜的话使爸爸想起，自己经常在惩罚她的时候说"我爱你"。他以前从来没有意识到，自己的行为会对唐娜产生这种影响。

莎拉很少考虑并且几乎从不表达自己的感受。当被问到什么使她感到高兴时，她沉默了很长时间。然而，她的父母非常有耐心，莎拉最后微微一笑说："吃冰激凌使我高兴。"

对于莎拉来说，这是重要的第一步。她还没有准备好关注别人的感受，但她能够谈自己的感受了，即便这种感受是生气和伤心。

这次短暂的情感交流还有另外一个意想不到的结果。在此后不久的一天，莎拉告诉父母，别的孩子从来不找她玩儿，并且流露出她感觉很"伤心"。不论她是以前就感觉到了，还是第一次感觉到，以这种轻松的方式说出自己的感受可能会使她认识到，给别人造成痛苦以及捉弄别人最终会伤害到自己，而且，这也使她愿意将自己的感受告诉父母了。

"骄傲"这个词仍然是莎拉难以理解的。尽管她知道这个词的意思（"当我画了一幅漂亮的画时，我感到骄傲"），并且能够把它和"高兴"区分开，但是，因为她几乎没有过这种感觉，所以她很少会想到这个词。这个练习对于莎拉来说很重要，因为有助于她关注那些好的感觉以及不那么好的感觉。当他们开始讨论"沮丧"一词的时候，莎拉的父亲大吃了一惊。莎拉说，爸爸始终对她说"不"，她感到沮丧。她父亲以前没有意识到自己经常对女儿说"不"，以及这会让女儿多么沮丧。

一旦孩子们理解了这些字词，并且能够将这些字词用于表达自己和别人的感受时，就可以用"我能解决问题"法引入一些新的情感字词了。（对于像莎拉这样刚刚开始思考感受的孩子来说，应该继续让他们关注自己的感受。）

## "担心"和"宽慰"

这两个字词与 8～12 岁孩子的联系尤其密切，特别是作为孩子了解大人感受的一种途径。当莎拉的妈妈解释什么使她感到担心时，她对女儿说："当你放学后没有立刻回家，而且没有往家里打电话告诉我你平安无事的时候，我感到担心。"

莎拉吃了一惊。她从来不知道这会让父母担心，而且从来没有想过父母会在意。这件令人感动的小事很好地说明了我的观点：当父母和孩子在一种轻松的氛围中谈论感受时，彼此从对方了解到的情况不但是有趣的，而且是有帮助的。当我们让孩子知道我们的想法时，我们经常也会发现孩子心里在想什么。

这件事从另一个方面来看也是重要的。这能使莎拉从考虑自己的感受，进一步到考虑别人的感受。此时，她仍然只受到妈妈对"她"的感受的影响。很快，她就会再进一步，思考与她无关的"其他人"的感受。

## "同情"和"共情"

尽管很多 8 ~ 12 岁的孩子都知道"同情"（理解别人的痛苦）的含义，但只有很少的孩子知道"共情"（对别人的痛苦感同身受）的含义。能与别人共情，是社会能力和情商的一个重要组成部分。感受到别人的痛苦的能力，不但可以阻止一个人去伤害他人，而且还能激励一个孩子伸出援助之手去帮助身处困境的人。

当被问到什么事会使他们对一个人感到同情时，三个孩子都能做出恰当的回答（例如，"当丹尼摔断了腿时，我感到难过"）。但是，只有尼古拉斯能接着说："当朋友受伤时，我的内心也感受了受了伤。"当被要求想想一个人可能为什么不想伤害别人时，只有尼古拉斯能说："那会使我感到难过。"一旦他学会了"共情"这个能够表达他的感受的词，他就很乐意运用了。

然而，重要的是要记住，共情和同情一定要保持平衡。如果对别人的痛苦的感受过于强烈和频繁，孩子就有可能会彻底回避那个人，以缓解自己体验到的过多的伤痛。

为了帮助孩子们理解"共情"的概念，我们要求他们想一想，一个人为什么会想帮助一个悲伤的孩子感觉好起来。唐娜说："因为这会使她感觉好像在为别人做好事。"她的父母和我都不知道她的内心深处是否体验过这种感受，但是，她能说出这种感受，说明她理解了共情是什么意思。很快，唐娜就会去帮助别人，并体会到这种快乐。这种共情能促使一个孩子去帮助别人，是因为这会使孩子感觉很好，而不是因为他会因此而得到物质上或其他外在的奖励。

## "不耐烦"和"失望"

青春期情绪失调的一个很重要的初期标志，就是不能等待，处理不了得不到想要的东西时的沮丧感。那些能够想到这两个词的孩子，会发现自己能更好地减轻或防止生活中的紧张和压力感。尼古拉斯对妈妈说，当他不能在下雨天到池塘去滑冰时，他感到失望，并且对要等到池塘结冰感到很不耐烦。想一想这些情感字词，可以帮助他耐心地等待这一天的到来。

唐娜常常会苦苦地等着小伙伴邀请她一起玩儿，因为不能够表达自己的感受，最后总是空手而归。然而，这些字词给了她思考自己感受的方法。她说，当她请求轮流跳绳，而结果总是只能站在一旁看别人玩的时候，她感到"不耐烦"。而且，当她得不到跳绳机会时，她感到"失望"。再过一段时间之后，唐娜就能够告诉她的同学，当她的愿望无法实现，甚至不被人注意时，她会有怎样的感受。

有时候，只要能够明确一种感受，就有助于我们对待这种感受。莎拉还不明白自己在愿望无法立即得到满足时所产生的情绪是一种什么感受，对她来说，这两个词会有特别的意义。

## 其他情感字词："孤独""嫉妒""尴尬"

按照上面同样的方式，让孩子讨论"孤独""嫉妒"和"尴尬"这三个词。然后，让孩子们加入他们对你的感受的字词，和你一起讨论。孩子们会很喜欢这些活动，就像在莎拉和唐娜家里那样，谈论你和孩子对于所发生的事情的感受，会在很多重要的方面改变你们对彼此理解的方式。

一旦你感到孩子掌握了这些情感字词，就到了学习另外两个概念的时候了。

## 不同的人，对同一件事情有不同的感受

要告诉你的孩子，"我能解决问题"练习从现在开始要变得难一点了，但她能够做好。如果你的孩子喜欢游戏类的活动，你可以说："我们要玩一个'不同的人有不同感受'的游戏。我们已经讨论过两个人对一件事有相同感受的事情，我们将要讨论为什么一个人对一件事会感到高兴，而另一个人对同一件事会感到不高兴。先来想一件使一个 4 岁的孩子感到高兴，而使一位奶奶不高兴的事情。"

在孩子回答之后，你就说："现在再来想一件使一位奶奶高兴，却使一个 4 岁的孩子不高兴的事情。"

按照这种方式来练习几对人物的组合，然后要求孩子想出几对人物组合，包括奇特的或不太可能的组合。然后问孩子："你能想起你做过的一件事情，使你和某个人（让孩子指定一个人）对这件事有不同的感受吗？"

当尼古拉斯的妈妈问他这个问题时，他很快就答道："当我没有帮妈妈收拾餐具时。"这很有意思，因为收拾餐具是尼古拉斯和妈妈之间经常争执的一个问题，而且，妹妹认为尼古拉斯在这件事情上不公平：当尼古拉斯清洗餐具时，他会生气；而当尼古拉斯不清洗餐具时，妈妈和妹妹会生气。当然，妈妈越是唠叨，尼古拉斯的抵触情绪就越强。在进行这个练习之前，这个问

题一直没有得到解决。但是，当妈妈问尼古拉斯，他吃完晚饭就跑开，他认为妈妈会有什么感受时，情况就变了。

"你感到生气和沮丧。"尼古拉斯回答。

因为尼古拉斯现在考虑到了妈妈的感受，并能清楚地说出来，他对自己的行为对妈妈和妹妹的影响有了更多的了解。他还以自己的方式看到了他与妈妈和妹妹之间相互矛盾的感受，理解了不同的人对于同一件事会有不同的感受。这对于理解他人的观点很重要。

同时，这也为尼古拉斯想出解决问题的办法做了铺垫。现在，尼古拉斯知道了，必须要同时考虑自己的感受以及妈妈和妹妹的感受——而不能像过去那样只考虑自己的感受。

莎拉还有些困难。尽管她已经开始谈论让她有不同感受的事情，但她仍然不能想到，使她有某种感受的事物，同时会使另一个人有怎样的感受。然而，鉴于莎拉以前根本不考虑感受问题（包括她自己的感受），父母对她取得的进步已经感到很满意了。再多给她一些时间和练习，莎拉也将能够考虑更加复杂的情感。这只是个时间问题。

唐娜做这个游戏的情况要好一些。当被问到这个问题时，她说上网让自己高兴，但让妈妈不高兴。

"当你花太多的时间上网时，你觉得我会有什么感受？"妈妈问道。

"担心。"唐娜说。

对于唐娜来说，这是一个重大的突破。尽管妈妈已经告诉过她很多次："你花这么多时间上网，我很担心。"——这是许多专家建议并且很流行的"我式句"——但是，唐娜并没有觉得需要关注妈妈的感受。然而，当唐娜自己说出这个情感字词时，就引起了她的注意。仿佛唐娜第一次体验到了妈妈的感受。

## 对同一件事有不同的感受

孩子们不但理解了不同的人对于同一件事会有不同的感受，而且现在也理解了一个人对于同一件事也会有不同的感受。有时候，这些感受是相继出现的，比如当尼古拉斯说："当我击中一个漂亮的高飞球时，我感到很骄傲，可是当外场手接住球时，我就感到沮丧。"

莎拉喜欢做这种思考，这使她开始考虑别人的感受了。她说："我弟弟生病时，我感到担心，他恢复健康后，我感到宽慰。"而且，唐娜说的——"当我获得一等奖时，我感到高兴，然后会为朋友没有获奖感到伤心"——表现了真正的共情。就像一个8岁的孩子告诉我的那样："因为考试不及格，我感到很担心，当我取得了好成绩时，我感到宽慰。"

孩子们不但理解人们对于同一件事在不同的时间会有不同的感受，而且也知道一个人对同一件事在同一时间也会有不同的感受。也就是说，对于同一件事，人可能有对立的、矛盾的或者交织的感受。这是情感最复杂的一个方面。一些像莎拉那样的孩子还理解不了这一点，但像尼古拉斯那样有较强社会能力的孩子，到8岁时就能够理解。

要想和你的孩子试一试，可以问孩子："你能想出一件使你有两种不同感受的事情吗？"

尼古拉斯说，当他没得到新自行车时，他感到失望和不耐烦。父亲说："好，现在我们把问题变得更难一点。你曾经对一件事既有好的感受又有不好的感受吗？这叫做混合感受。"

尼古拉斯不得不努力思考。最后，他说："在学校的演出中我扮演主角，我很骄傲，但记不住台词却让我感到很担心。"这个例子非常恰当。尼古拉斯不但理解这个概念，而且通过清楚地说出自己的感受，给父母提供了帮助他的机会。他们可以通过鼓励尼古拉斯把注意力集中到"骄傲"的感觉上，来克服恐惧。

当唐娜被问到这个问题时，她流露出了父母从来都不知道的一些感受："当我得了最佳篮球运动员奖时，我感到高兴，但当大家围到我身边来看奖杯时，我感到紧张。"直到此时，唐娜的父母才知道，得了那个奖杯使唐娜除了高兴之外还有其他感受。

大多数孩子都喜欢这个练习，或许因为这很新奇。就像一个10岁的孩子说的那样："当我生病时，感到很失望，但又很高兴因此可以不用去上学了。"还有一个11岁的孩子解释说："当我摔折了腿时，感到沮丧，但为因此而得到关注感到高兴。"一个8岁的孩子告诉她的爸爸："我很高兴能去夏令营，但因为想家会感到难过。"一个12岁的女孩儿告诉自己的父母："当那个男孩在考试中作弊被抓住时，我感到高兴，这是他应得的惩罚。但他因此受到羞辱，我为他感到难过。"

## 游戏和活动

下面是供家庭用来谈论情感的一些游戏和活动。你可以选择一些适合自己家庭的。

### 模仿电视抢答游戏

尼古拉斯想到了这个非常有创意的游戏。一天晚上，吃晚饭的时候，他说："让我们来个电视抢答吧。我来当主持人，你们

44

（指他的父母和妹妹）当参赛者，然后我们再轮换。我来告诉你们发生在我身上的事情，最先知道我的感受的人就按抢答器。"尼古拉斯非常骄傲地开始了。"我以为塔拉偷了我的铅笔，并责备了她。但是，后来发现她没偷，现在我感到____。开始，快抢答。"大家都笑了，塔拉说："尴尬。"

"加1分。"尼古拉斯激动地大声喊道。

## 索引卡片

给孩子一些5×7的索引卡片，每张卡片写上一个不同的情感字词。让孩子注意，当某件事或某个人使他们产生某种感受时，就找出那张写有这种感受的卡片，并在卡片背面记下所发生的事情。如果事情发生时孩子不方便记下来，他们可以尽量记住重要的细节，之后再写下来。

唐娜的父母知道女儿不太喜欢说。对于她来说，卡片是她思考和表达自己对于生活中所发生事情的感受的一种安全方式。有一天，她拿起一张写着"沮丧"的卡片，在上面写道："因为我今天没有接住球（在篮球比赛中），那些女孩取笑我。但是，后来我投进了一个漂亮的球，她们告诉我有多棒，我感到很骄傲。"

## 填写卡通气球

孩子们很喜欢填写如47页图所示的那种卡通图。可以让你的孩子在每个气球里填写使他感到"沮丧"的原因。当然，如果孩子愿意，可以画不止5个气球。如果孩子所写的话只是对同一主题做了些改动，你可以指出来，并要求他填上不同的原因。例如，如果孩子在一个气球里写了"没有赢得这场游戏"，在另一

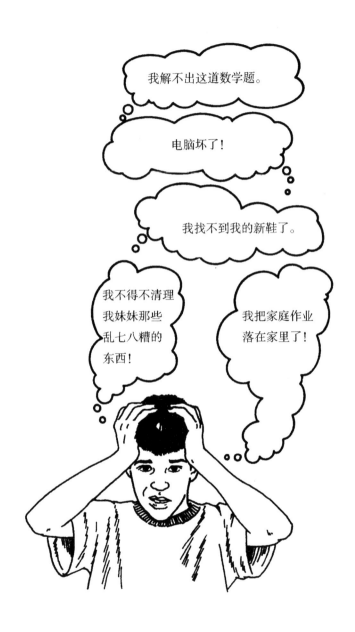

沮 丧

个气球里写了"没有赢得这场比赛"。你可以问孩子："你能想出与'没有赢'不同的事情吗？"孩子们可能想画一连串的卡通气球来表达其他情感字词，例如高兴、骄傲、担心、不耐烦等。

你的孩子可能想在气球的上方或下方画上带有她自己面部表情的人物。这些面部表情是否是孩子所描述的真实感受并不重要。重要的是，她是在用自己的方式诠释这个情感字词。她可以在气球中填写反映自己感受的话，也可以填写她所想象的别人的感受。这个练习特别受唐娜这样的孩子的欢迎，因为她们不轻易说出自己的感受。

这个练习很容易就能变成一项家庭活动。孩子们可以通过玩游戏一样的方式来做这个活动，可以对比一下各自写下的话，看看是否有相同的表述。尼古拉斯和塔拉发现，他们写下来的一些事情是相同的，这有助于他们更好地了解彼此的想法和感受。尽管莎拉的弟弟只有4岁，还太小，既不能读也不能写，但他也能看莎拉画的画。莎拉大声读出这些词，弟弟就能说出使他感到"高兴""难过""害怕"和"生气"的事情，这是他能理解的一些词。莎拉喜欢听弟弟做出回答。这对于莎拉认识到弟弟和她对一件事情经常有不同的感受很有益处。而且，在和弟弟玩这个游戏的时候，她还想起了原来父母向她说过的那个叫"什么使人们有不同的感受"的游戏。例如，她开始理解，她很高兴自己一直用电脑，但弟弟却会感到生气，"因为他想玩游戏"。

这个活动也非常适合孩子独自进行，莎拉就经常自己做。她喜欢一个人在自己的房间里往卡通画中填写。这是她在以一种从来没有过的方式考虑自己和别人的感受。

唐娜喜欢这个练习，因为她可以写下她的想法，而不必说出来。

## 编情感故事

在玩这个游戏时，要让孩子用尽可能多的情感字词来编故事。有些家庭喜欢以"接龙"的方式一起编故事。一个人先起个头，之后说："继续。"第二个人补充一些内容，游戏一直这样进行下去，直到最后一个人把故事讲完。

那些喜欢或偏爱编故事的孩子，能够自己把故事写下来。例如，莎拉和唐娜的父母给女儿编了个开头，这两个女孩儿就接着把故事写了下来。下面是唐娜的父母以"两个孩子一起玩游戏"起头之后，唐娜所编的故事。

我和塔米在下跳棋，塔米赢了，我感到很沮丧。因为输了这盘棋我感到很失望，所以我请她再下一盘，这次我赢了，我感到很骄傲。我们正在玩时，另一个女孩儿来了，我担心她会强行加入，因为她总是加塞儿。而且，我还害怕她。但是，老师让她走开了，我感到很宽慰，因为她不会加塞儿了。然后，课间休息时间结束了，我感到不开心。我问塔米能不能在放学后和她玩儿，她答应了。当我到她家的时候，我跌倒在了楼梯上，我感到很尴尬，因为有那么多人看到我摔倒了。所以，我赶紧站起来，跑进了她家，我才感到了宽慰，因为没有人看到我了。

唐娜对自己编的故事感到非常骄傲，以至于问父母自己能否在晚饭时把这个故事给大家朗读一下。对于她来说，这是非常重要的第一步：她克服了害怕别人知道自己的感受的恐惧。

你可能注意到了，唐娜编的故事——尽管是虚构的——只涉及到了她自己的感受，而没有涉及任何其他人的。她了解别人的感受，但对其仍然感到害怕。在下一章，我们将会看到唐娜是如何开始克服这种恐惧，并敢于谈到别人以及她自己的感受的。

## 情感字词在现实生活中的运用

一旦一家人可以轻松自在地使用这些情感字词，并且你的孩子也理解了情感对人能产生各种影响，就可以开始把我描述的这些游戏和练习用于实际生活中了。然而，不要从冲突或产生问题的情景开始，而要从积极的情形开始，比如，孩子在一门功课上取得了好成绩，或者在学校的演出中扮演了一个角色。第一步应只让孩子考虑自己的感受，而不必考虑别人会有什么感受。

当机会出现时，只需要简单地问孩子："当____时，你有什么感受？"

一旦你开始寻找那些自然出现的询问相关感受的时机，你就会发现这种机会有很多。

尼古拉斯的父母问他，当他想出了一个计算机游戏的答案时，他有什么感受。他面带微笑地说："骄傲。"另一方面，如果他在足球比赛中表现不佳，他也会毫不费力地告诉父母自己的沮丧感。

当他开始缠着妈妈问何时才会买新的计算机游戏时，妈妈问他："让你等到生日的那一天，你有什么感受？"他回答："不耐烦。"

"你的生日就在下个月，"妈妈说，"当生日到来时，你认为自己会有什么感受？"

"高兴。"他说。在这次交谈之后，他不再缠着妈妈要礼物了。把注意力集中在高兴的事情上，帮助他克服了不耐烦情绪。

又一天，妹妹踩坏了他的飞机模型，尼古拉斯对她大发脾气。因为这个飞机模型对于他来说太珍贵了，所以他"难得"地没有控制住自己的怒火。尼古拉斯的父亲抓住这个时机，等到他认为能和儿子谈这件事时，说道："你为什么不告诉妹妹你对这件事的感受呢？"尼古拉斯对这个建议（并不是真正的提问）的回答是："我不想告诉她，我想打烂她的头。"

"你觉得因为这件事就要打妹妹吗？"爸爸问道。

"是的！"尼古拉斯回答。

"如果你打伤了她，你会有什么感受？"

"好极了！我会乐疯的。"

"如果你打伤了塔拉，你还会有别的感受吗？"

尼古拉斯愣了一下。尽管他还是很生气，但他说："我想，如果我真的伤了她，我会感到难过。"然后，他想起了刚刚学会的一个词，说："我还会感到共情。"

这是多么重要而有价值的一次交谈啊！不仅阻止了尼古拉斯作出伤害妹妹的举动，而且还为他在以后有这种感受时考虑自己的行为打下了基础。这种认识将在以后始终引导着他。

莎拉在轻松或假设的情形中（她喜欢卡通气球）能写出自己的感受，但在发生冲突时，她的愤怒和沮丧感使得她无法想到快乐和骄傲，而且，她仍然不愿意谈自己的感受。过了一段时间之后，她的父母通过说出几个情感字词让她选择（包括一些显而易见，甚至是可笑的选项），使得她能够比较容易说出自己的感受了。一天，父亲问她："如果你的朋友今天在学校打了你，你会有什么感受？是骄傲、宽慰，还是生气？"莎拉大笑，但这是一个重要的时刻——她和父母交谈方式的一个转变。

不仅莎拉有这样的困难，她的父母在谈到感受时偶尔也并不那么轻松自在。再加上莎拉经常很固执，这让父母感到很恼火，结果，他们往往运用权威法来管教孩子。

莎拉的功课不好，因为她在上课时要么心不在焉，要么和邻桌说话，而不是听老师讲课。我问莎拉的妈妈，当莎拉把老师写着她在学校表现的评价字条带回家时，妈妈会怎样反应？她妈妈说："我会对她禁足，让她做家庭作业。"这是在运用权威法。

"然后怎么样？"我问。

"她说她没有家庭作业，并且会走进自己的房间，砰的一声把房门关上。"这就表明莎拉的情绪开始失控了。

莎拉、她的妈妈和我，坐下来一起谈了这件事情。首先，莎拉和我谈了她喜欢做的事情。我了解到她喜欢画画。我就让她画一画不听老师讲课时她在做什么。她一直微笑着，不但画出了自己和邻桌孩子在聊天，而且还画出了面带怒容的老师。

接着，我让她告诉我什么事情使她感到骄傲，这是她在以前和父母一起做练习时就谈过的，她说："在滑冰时快速旋转。"

然后，我让她告诉我什么事情使她感到沮丧。因为她最近特别注意了这个词，她会心地一笑，说："妈妈不让我看电视。"

我接着又问："当你在学校考试不及格时，你有什么感受？"

"沮……丧……。"她回答道。

"那么，如果通过了考试，你会有什么感受？"

"骄—傲。"她热切地回答。

然后，我问："你怎样做才会使自己感到骄傲呢？"

"听老师讲课。"

"那么，如果你听了老师讲课，你认为老师会有什么感受？"

"骄傲。"

第二天，她妈妈给我打来了电话，抑制不住喜悦地告诉我，

"猜猜莎拉今天跟老师说了什么？她说：'我会让你感到骄傲，而不是沮丧。'"

难道"骄傲"和"沮丧"这两个词——莎拉原来可能就知道这两个词，但几乎从来没有想到过——就使这个孩子开始有了转变吗？

对于退缩的唐娜来说，让她在游戏情境之外能够或者愿意说出这些词，还需要一段时间。她了解人的各种感受——包括她自己的——当她感到高兴或骄傲时，也会让父母知道，但是，对于她来说，要表露出那些诸如难过、生气、沮丧和失望的消极情绪，还需要更长一点时间。

## 有关情感字词的另外一些小对话

你现在可以用解决问题法进入"我能解决问题"对话的第一个阶段了。在刚开始时，要集中在人的情感上。正如前面提到的那样，每次只集中于对话过程的一个部分，会使采用这个方法更容易一些。例如，如果你的儿子对他的妹妹大声喊叫，你可以问：

"当你冲妹妹大声喊叫时，你有什么感受？"

如果儿子说"感觉很好"，你可以问："你还有其他感受吗？"

你的孩子起初对这个问题可能会没有反应，但你是在播下一粒重要的种子，是在提醒他注意，他可能同时会有好几种互相矛盾的感受。

然后，你可以问："你的妹妹对此可能会有什么感受？"

在他回答之后，再问："她还会有别的感受吗？"

到此为止，你可以用下面这个问题结束对话了："你能想出一种不同的方式告诉妹妹你的感受吗?"

通过这个对话，你是在鼓励儿子考虑自己的感受以及妹妹的感受。这将奠定他处理妹妹给他带来的沮丧感以及和平解决冲突能力的基础。

## 小　结

·要和儿子或女儿谈感受，即使他们显得不愿意谈。要让儿子或女儿知道，如果他们想要谈什么事情，你随时愿意谈。不要在情感上与儿子保持距离，即使他们觉得自己需要独立，需要表现出男子汉的"阳刚"之气。

·让孩子告诉你，他们对事情的感受，而不是由你告诉他们你认为他们有什么感受。

·让孩子告诉你，他们认为自己的兄弟、姐妹或者朋友对一件事情会有什么感受。

·让孩子告诉你，他们认为你对一件事情会有什么感受。

·当孩子们谈起他们对于发生的一个冲突有什么感受时，要让他们思考别人的感受与他们的相同还是不同。

·要帮助孩子们应对生活中的沮丧和失望，就要引导他们思考现在有什么感受，以及今后可能会有什么感受。

·要通过让孩子们思考他们对于一件事是否有相互矛盾的感受，来引导他们考虑可能出现的各种"混合"情感。关注积极的情感会有助于缓解焦虑或其他情感压力。

·要引导孩子考虑别人对某件事是否会有互相矛盾的复杂

感受。

·既要和孩子讨论积极的情感，也要和他们讨论消极的情感。

## 要记住：

·情感的亲近并不排斥孩子的独立成长——这有助于使孩子感到自己是在安全范围内坚持自己的独立的。

现在，让我们把注意力转向成为解决问题能手的另一个先决条件：倾听的能力。

第 4 章

# 有人在听吗？

如果你想"我的孩子从来不听我说"，你的孩子会想"从来没有一个人听我说"吗？

简和利恩是一家保险公司的同事，她们在走廊里不期而遇。"我们必须准备下周二员工大会上要做的报告的提纲了，"简说，"我们约个时间碰个面吧。周四下午三点你有时间吗？"

利恩心不在焉地说："你听说公司对打电话的新规定了吗？我简直无法相信！"

利恩对简说的话一个字也没听进去。

我们都遇到过类似的情形。有时候，我们会像简一样，意识到我们简直是在对一个聋子说话。如果出现这种情况，你会有什么感觉？

还有些时候，我们会像利恩那样走神，事后连对方说的一个字都回忆不起来。因为我们过于专注于自己想说的事情，我们会把全部时间花在等待自己说话的机会上。当你像这样走神时，你会有什么感觉？

现在，想想你和孩子之间的交谈。你有多少次问过孩子是否在听你说话？

你是否曾停下来想知道自己是否在听——真正地听——孩子说话呢？

我们往往认为听是理所当然的。然而，我们很多人——不论大人还是孩子——都没有真正地倾听。结果，我们就无法解决问题。如果我们不真正听别人在对我们说什么，或者我们在对别人说什么，我们就不知道问题所在，以及如何解决。

以简和利恩为例。利恩并不是对简不尊重，她只是在想着别的事情，并且搁置不下。结果，两个人都在自说自话，而不是在交谈。这种情况在家里也会出现。我们会对自以为听到的话做出回应，并且说的一些事情从来没人听。我们对别人的感受和想法会做出错误的假设，致使一些问题永远无法得到解决。缺乏倾听的能力，是很多冲突的根源。对于每个人来说，倾听和关注都是重要的——无论是夫妻之间，还是父母和孩子之间都是如此。没有人喜欢感觉到自己的话没人听。

倾听能力是解决问题能力的第三个核心组成部分。当我们学会了成为好的倾听者，并真正注意对方所说的话时，我们就是在：

· 尊重他人，表现出我们在意对方所说的话。

· 避免从对方的想法和感受中得出错误的结论，这有助于我们防止可能的冲突。

· 能了解到别人对事情的想法和感受是否与我们的不同，这是解决问题的一个先决条件。

·注意到一些有助于我们理解对方的想法和感受的重要线索。

我们有时之所以不倾听，是有很多原因的。有时候，是因为我们对自己的感受和想法过于全神贯注，而没有注意别人在说什么。还有些时候，我们会因为不感兴趣，或者生气，而没有听——主观上就不想听。对于父母们来说，没有什么比孩子好像在听他们说话而实际上没有听更恼火的了。如果你觉得孩子经常不听你在说什么，原因可能会有以下几种：

·孩子对"权威法"已经有了免疫力，不再害怕受到惩罚。
·你给孩子的建议是她已经想到的。
·你给孩子的解释是她已经听过的，或者已经知道的。

幸运的是，"解决问题法"最大的一个优点就是孩子会听你说，因为他们要参与到交谈之中。而且，同样重要的是，你会发现自己也更想听孩子说的话了。

但是，在实际开始"我能解决问题"对话之前，我们必须先提高自己和孩子的倾听技能。下面是一些技巧，能帮助那些哪怕最不愿意听的孩子倾听，同时也能帮助那些最擅长倾听的孩子提高倾听能力。

## 教孩子学会听

要培养孩子成为一个好的倾听者，最好的一个办法就是给孩子做出榜样。如果父母之间能够真正相互倾听，不仅会改善两人之间的关系，而且还会向孩子表明注意听对方说话的价值和重要性。

有几种游戏可以教孩子学会倾听。下面是 8 ~ 12 岁的孩子喜欢玩的一个游戏。这个游戏叫做"可笑的对话"。

游戏的目的是以一种夸张的方式表明，当一个人对别人的话充耳不闻时，会有多么滑稽可笑。你可以让两个孩子或者一个家长和孩子轮流读下面的对话。

开始时，要告诉孩子：

我们来读一个"可笑的对话"。听听这段对话。这两个人交谈的方式有些可笑。在读完后，告诉我为什么你认为这很可笑。

A：我得到的圣诞礼物是一辆赛车。

B：我不喜欢蓝莓。

A：我的赛车是这个街区跑得最快的。

B：昨天晚上，我妈妈让我吃蓝莓派。

A：那辆赛车是红色的，有个白色的车顶。

B：我今天感觉不舒服。

A：我还得到了其他礼物。

B：我宁可吃巧可力蛋糕。

A：我还得到了一件新衬衫。

B：妈妈说那对我的牙齿不好。

A：为什么不好？

B：我会长蛀牙，还会变胖。

A：一件新衬衫怎么会使你长蛀牙，还变胖呢？

在你的孩子说了"这两个人没有在听对方说话"之后，问他：

"他们是在听对方说话，还是在听自己说话?"

在孩子回答之后，对他说："现在我们再读一遍。其中有一处 A 确实听了 B 说的话。当你听到那个地方时，举手告诉我（或者拍一下膝盖——随便孩子喜欢的任何方式）。"

当孩子正确指出了对话中真正倾听的时刻时，就可以在这个游戏中加入新的内容了。这一次，要让孩子说出能表明两个人真正在听对方说话的应有的回答。例如：

A："我得到的圣诞礼物是一辆赛车。"

这时候，要问孩子："B 应该说什么或问什么才能表明他听到了 A 的话?"

B：_____

在 B 回答之后，对孩子说："现在你把故事接着编下去，让它不再那么可笑，因为两个人都在听对方说话了。"

下面是另外一个"可笑的对话"，可以让孩子练习。这一次，要让孩子仔细听 B 在何时听了 A 说的话，并且让他在听出来时，举起自己的手。

A：我今天感到沮丧。
B：我的生日礼物是一双新鞋。
A：我吹了五个气球，全都爆掉了。
B：我的鞋是白色的，鞋尖是棕色。

A：我有两个蓝色气球，三个黄色气球。

B：我真希望我的新鞋是粉色鞋尖的红鞋。

A：我真希望能把气球吹起来，而又不吹爆。

B：那很难做到。

A：我知道。必须要非常小心。

B：可是，你怎么会把鞋吹起来呢？

一旦你的孩子把真正倾听的时刻正确地指了出来，就让他自己编一个"可笑的对话"。从第一句话开始：

A：我今天感到沮丧。

之后，鼓励孩子自己编下去。我发现，孩子们很喜欢这种活动，这能充分发挥孩子的创造性。孩子可以把自己编的故事读给全家人听，或者几个孩子可以一起读故事，一个人扮演一个角色。要提醒孩子，在其中要有几句表示两个人在听对方说话的台词，并在这些台词旁边画上"×"。

下面是尼古拉斯编的一个：

A：我的铅笔丢了。

B：我烤了汉堡，都烤焦了。

A：你还有铅笔吗？

B：我妈妈会因为我把汉堡烤焦了而发疯的。

A：我好像在哪儿也找不到我的铅笔了。

B：你知道怎样烤汉堡吗？

A：找不到铅笔，我就没法做家庭作业。

×B：你要用我的铅笔吗？

A：是的，我知道怎么烤。

B：我给你拿支铅笔吧。

×A：谢谢你。

这是尼古拉斯玩这种游戏的能力的一个好例子，他编的两个人都全神贯注于自己的需要。尼古拉斯的家人尤其高兴他能编出标×的那些台词。

接下来，尼古拉斯和他的妹妹塔拉把这个对话作了改编，以反映两个人在认真听对方说话。

A：我的铅笔丢了。

B：给你，用我的吧。

A：谢谢。

B：我烤焦了汉堡。

A：为什么？

B：我烤的时间太长了。妈妈会发疯的。

A：跟她说声对不起。

B：好吧。

其他孩子对这种"可笑的对话"有什么反应呢？莎拉很喜欢。当她和妈妈一起读时，她乐得哈哈大笑。因为她还不善于向别人表达自己的想法和感受，所以，尽管她自己还不会编这种对话，但她能理解。

有趣的是，唐娜编了一个包括别人感受的对话。

A：今天鲁弗斯（狗的名字）跑了。

B：我的小鸟说了"你好"。

A：我喜欢鲁弗斯。

B：我教会了我的小鸟说话。

A：我害怕鲁弗斯会死。

×B：我会给你再买一只小狗。

×A：谢谢。

在孩子熟悉了这个活动之后，就问他们："你们认为，我们为什么要编这种对话？我们从中学到了什么？"

如果你的孩子能给出正确的答案，那就可以在现实生活中运用这些对话了。下一次，当孩子好像没有在听你或弟弟、妹妹说话的时候，你只要问："你还记得'可笑的对话'吗？你在听我说话吗？"

莎拉的妈妈找到了一个把"可笑的对话"用于日常生活的巧妙办法。如果她感觉莎拉没有在听她说话，她就说："我的圣诞礼物是一辆赛车。"这是她温和而幽默地提醒莎拉需要注意听的一种简单方式。莎拉会报以会心的微笑。

莎拉还开始理解到，当她没有听别人说话时，对方会很烦恼。几天之后，莎拉告诉妈妈："有时候，我不注意听别的孩子说他们想做什么。芭比说我只关心自己。"在学习"我能解决问题"方法之前，莎拉可能并不会在意别人那么说。

还有一个 10 岁的女孩，当被问到如果她有时候不注意听朋友们说话，朋友们是否会在意时，她说出了一个重要见解："有一次，我的朋友在唱歌，而我却没有听，她说我伤害了她的感情。"而且，她还补充说："我想我也应该认真听老师讲课，这样我的学习成绩会更好。"

# 为什么要倾听？

正如我在前面提到的那样，倾听是尊重别人的一种方式。但是，之所以要倾听，还有其他一些直接影响到问题的解决的原因。

## 避免得出错误的结论

有时候，不注意别人说的话，会导致我们没听全，就会产生本来可以避免的错误结论和冲突。

让我们举两个四年级孩子的例子。莉萨希望玛丽亚不要再捉弄她，便说："要是你再捉弄我，你就不能参加我的派对了。"但是，玛丽亚只听到了"你就不能参加我的派对了"。结果，她感到自己遭到了拒绝。莉萨并没有打算拒绝玛丽亚，她只是想让玛丽亚别再捉弄她。所以，玛丽亚的不快是没有理由的。同时，因为没有注意听，她根本没听到莉萨的话中更重要的那一部分——她应该停止捉弄莉萨。所以，两个孩子之间的矛盾得不到解决，完全是因为倾听中的错误。

很受欢迎的"打电话"游戏，是能够帮助孩子们集中精力听全别人的话的一个有趣方法。

一个人在另一个人的耳边迅速地小声说一句话。第二个人把自己听到的话再小声说给第三个人听，直到在场的每个人都传遍。然后，最后一个人大声说出自己听到的话——几乎总是原话的一个荒谬的改版。

很多家庭喜欢全家人在一起玩"打电话"游戏。或许你可以试一试下面这些：

·当我累的时候不喜欢跑，因为可能会撞到树、摔倒在地而输掉比赛。

·我飞到了拉斯韦加斯，但没有乘飞机，因为我是用双臂飞的，并且在两天之内赢了一千美元。

·我吃葵花籽和咸菜，夜晚在空中飞翔，而且我只喜欢在白天睡觉。

接下来，你可以通过问"你听到完整内容了吗?"来扩展这个游戏。

让全家人都参加到下面这个对话中。家里的每个人可以像唐娜和她的父亲那样扮演两个角色，也可以借助于玩偶。

*唐娜*：萨米是个胆小鬼。

*爸爸*：他说什么了?

*唐娜*：他害怕苍蝇。

*爸爸*：你听到完整内容了吗?

*唐娜*：我想是的。

*爸爸*：你为什么不再问问他，以确定你听到了完整内容呢?

（唐娜走开了，假装去上学。）

*唐娜*（过了一会儿之后）：我去学校了，和萨米谈了。他说他不怕苍蝇。

*爸爸*：他害怕什么?

*唐娜*：他说他怕打死苍蝇。

*爸爸*：噢，那么说你上一次只听到了部分内容。

*唐娜*：是的。

读完之后，唐娜的爸爸问了女儿下面这样一些问题：

萨米所说的完整内容是什么？
哪一部分内容你没有听到？
你从这个对话中学到了什么？
为什么听别人说话很重要？

## 在现实生活中获取完整信息

一天，唐娜回到家里，告诉父母："乔迪不喜欢我。"爸爸问她是怎么知道的，唐娜说："乔迪告诉我的。"

然后，爸爸问道："你还记得我们读过的那个对话吗？"

"记得。"唐娜回答。

"你确定获得完整的信息了吗？"爸爸问道。

"是的。"唐娜回答。

爸爸又问："你怎么才能知道自己是否获得了完整信息？"

"我可以问她？"唐娜回答。第二天，唐娜兴奋地跑回家，大声说道："乔迪喜欢我。"

"怎么回事？"爸爸问道。

"她说当我跟她撒谎的时候，她不喜欢我。"

唐娜的爸爸立即抓住机会和女儿进行了一次重要的对话：

*爸爸*：你从这件事情中学到了什么？

*唐娜*：要获取完整信息。

*爸爸*：对，要听。在得到完整信息之前，你有什么感受？

*唐娜*：伤心……和担心。

*爸爸*：你现在有什么感受？

*唐娜*：开心……和宽慰。我以后再也不对她撒谎了。

当我问其他孩子："你能想起一次自己只听到了部分而不是完整的信息，从而导致获得的是错误信息吗？"他们也想到了这样的情况：

我听汤米（我的哥哥）说，他要打我。

完整的信息是：如果我再骑他的自行车……。

我听路易萨威胁说，要告诉所有的孩子我后背上有一颗黑痣。

完整的信息是：如果我再对她撒谎的话……。

## 了解别人的需要

要听别人说话的另外一个原因，就是这有助于我们了解别人的想法和感受。这能使我们认识到，对于同一件事情，别人可能会有不同的想法和感受。

下面是全家人可以一起作的一个练习，既可以在餐桌旁作，也可以在车里或大家在一起的任何时候作。尼古拉斯和家人像下面这样开始了他们的游戏：

妈妈：我要告诉你们我喜欢的五种东西，以及我不喜欢的五种东西。仔细听好了，因为你们必须要记住。

我喜欢：
·汉堡
·推理小说
·蓝色
·填字游戏
·尼古拉斯打扫他的房间

我不喜欢：
·尼古拉斯和塔拉吵架
·尼古拉斯乱糟糟的房间
·橙色
·和孩子发生争执
·重金属摇滚乐

尼古拉斯记住了妈妈所说的绝大部分内容，塔拉记住了几个，爸爸把他们没记住的补充上了。然后，尼古拉斯和塔拉要说出各自喜欢和不喜欢的东西。爸爸也要说出自己的。

在每个人都做完一次之后，妈妈问："我们为什么玩这个游戏？要想玩好这个游戏，应该怎么办？"

"仔细听。"尼古拉斯强调说。

"集中注意力。"塔拉回答。

"我们从游戏中了解到以前对彼此不了解的情况了吗？"妈妈问。

塔拉说她从来不知道妈妈喜欢填字游戏。

"了解别人的情况对于解决彼此之间的问题有什么帮助吗？"

妈妈问。

尼古拉斯知道了，"我尽量不让房间乱糟糟的。"他说。

爸爸也知道了以后要注意，不要给妻子买橙色的裙子作为生日礼物，尽管他自己非常喜欢。

莎拉很喜欢这个游戏，当轮到她说出自己喜欢的东西时，她说："我想学打鼓。"这是她的父母从来不知道的。

他们非常高兴地想给她买一套鼓，并和她说好了练习的时间，以免打扰别人。莎拉发现自己对这个新爱好很快就着迷了。这个简单的记忆游戏对于莎拉和她的家人来说，都是一个转折点。

尽管唐娜还是不太喜欢说话，但她找到了参与这个活动的一个方法。在妈妈说出了自己喜欢以及不喜欢的五种东西之后，唐娜把自己记住的那些写了下来，并把这个单子交给了妈妈。唐娜对于自己能记下来感到非常骄傲——这是有理由的，因为唐娜必须要认真注意听，才能记住妈妈说的那些事情。

这个游戏还有一种更具有挑战性的玩法，就是把它和第 3 章中的情感字词结合起来。一个人可以说出五种不同的感受，并就这五种感受分别举出一个例子。其他人必须记住这些感受以及造成这种感受的原因。

尼古拉斯的妈妈像下面这样开始了游戏：

· 当我们出去吃饭的时候，我感到高兴。
· 当尼古拉斯没有按时回家吃饭时，我感到担心。
· 当尼古拉斯和塔拉打架的时候，我感到生气。
· 当谁也不听我说话的时候，我感到沮丧。
· 当有人受到伤害的时候，我感到同情。

　　家里的每个人都可以选择自己要用哪些情感字词，选多少词可以根据参加游戏的孩子的能力和兴趣来决定。要使游戏更具有挑战性，可以看看在其他人做完之后，是否有人还记得妈妈说过的。还有一种更需要动脑筋的玩法，就是要求每个人都说出使自己产生第 3 章所描述的那种复杂感受的事情。

　　通过玩这个游戏，尼古拉斯知道了妹妹在看恐怖电影时会很高兴。如果妹妹以前跟他这样说，他肯定不会听。

## 注意重要的线索

　　最后，当孩子们学会了认真倾听时，他们也就学会了注意那些能了解到别人感受的重要线索。这些线索可以是面部表情、身体语言、说话语气，或者甚至是人们实际上在说什么。

　　例如，如果在我正放大音量欣赏摇滚乐的时候，一个朋友皱着眉头走了进来，我是注意她的面部表情，还是陶醉于音乐之中？如果她很快就走出了房间，我会得出什么结论？她是不喜欢这种音乐还是要到别的地方去？或者我根本就不考虑她的表情？如果她直截了当地告诉我音乐的声音太大，我会听她说吗？

　　要想帮助孩子们学会注意看和听别人的暗示，尤其是那些表示一个人对于同一件事有不同感受的暗示，可以和孩子玩"怎么会是这样？"的游戏。对你的孩子说：

　　赛莉被选为班里排的戏的主角。她感到非常高兴和骄傲。安德拉被选为学校排的戏剧的主角，而她感到焦虑和担心。怎么会是这样？

如果你和两个或者更多的孩子一起玩，可以让每个孩子说出一个理由。如果你跟一个孩子玩，你可以先说出一个理由，然后让孩子说出一个不同的理由。

在提出了几种可能性之后，问孩子：

· 你如何通过看，来了解赛莉对那件事的感受？
· 你如何通过看，来了解安德拉对那件事的感受？
· 你如何通过听赛莉说，来知道她有这样的感受？
· 你如何通过听安德拉说，来知道她有这样的感受？

你还可以尝试下面一些情景：

· 一个 10 岁的孩子和妈妈对于她乱糟糟的房间有不同的感受。
· 这个 10 岁的孩子可能会有什么感受？
· 她的妈妈可能会有什么感受？
· 你如何通过看，来知道这个 10 岁的孩子（或者她的妈妈）对这件事的感受？
· 你如何通过听这个 10 岁的孩子（或者她的妈妈）说，知道她对件事有什么感受？

弗兰克和德里克两个人去坐过山车。
· 他们每个人对此有不同的感受。
· 他们两个可能会有什么感受？
· 你是怎么知道的？

此时，可以让孩子自己编一些情景。

这个游戏听起来简单，但做起来要难一些，因为孩子们的回答经常是对不同经历的感受的描述。当问唐娜，乔安妮和珍妮对于在雪地里玩儿有什么感受时，她说："乔安妮感到高兴，因为她正在雪地里玩儿；珍妮感到难过，因为她被罚不能出去到雪地里玩儿。"

但是，这里要回答的问题是，乔安妮和珍妮对于在雪地里玩这"同一件事"会有什么不同的感受。为了让唐娜把注意力集中到这个问题上，妈妈不得不问："乔安妮和珍妮对于在雪地里玩儿会有不同的感受吗？"如果唐娜还是不理解，妈妈就要问："乔安妮对于在雪地里玩儿有什么感受？"

唐娜说："高兴，因为她在滚雪球。"

妈妈又说："想出一个珍妮对于在雪地里玩儿有不同感受的原因。"

"她感到沮丧，"唐娜说，"因为她总是摔跤。"直到这个时候，她才理解了乔安妮和珍妮对于同一件事情可能会有不同的感受。

即使是尼古拉斯，在刚开始做这个活动时也有困难。他想出的是托米和特罗伊：托米因为加入了足球队而感到高兴；特罗伊感到嫉妒，因为他没有加入足球队。为了帮助尼古拉斯理解这个概念，妈妈不得不问他："如果这两个男孩都加入了足球队，他们会有不同的感受吗？""噢，一个可能会因为被选中了而感到骄傲，而另一个可能害怕会受伤。"尼古拉斯说。

鼓励孩子通过注意别人的面部表情、身体语言以及其他线索，来考虑不同的人对于同一件事情会有不同的感受，有助于孩子在实际生活中倾听并注意这些线索。

## 在现实生活中

尼古拉斯能够交到朋友并能保持友谊的部分原因，是因为他善于倾听。正如我在第 1 章描述的那样，当朋友在最后时刻给他打来电话，告诉他不能去看电影的时候，他并没有大发脾气，而是听了朋友的解释（朋友生病了），并且对朋友的需要作出了回应。

相反，现在看看当莎拉在学校想和卡拉踢足球时发生了什么事。卡拉拒绝了——但莎拉太想和卡拉踢足球了，以至于她没听到卡拉的拒绝。她也没有注意到，当她提出踢足球时，卡拉垂肩耸背，面无表情地把头扭向了一旁。如果莎拉听了卡拉的拒绝，并且注意到了卡拉表现出来的不感兴趣的线索，她可能就会认识到卡拉对于踢球有不同的感受，而且可能会发现她到底想玩什么。然而，莎拉过于专注于自己的想法，以至于她只能恳求卡拉。最后，她愤怒地离开了。这两个孩子从此再也没有在一起玩过。

作为"我能解决问题"练习的一部分，父母要让孩子想想是否曾经通过看就了解到了别人的一些情况。一个 12 岁的女孩儿说："学校里新来的一个孩子非常坏。我能看得出来，因为她总是往别人身上撞，并且把别人撞到一旁。"另一个女孩感到很高兴，因为她注意到了自己的一个朋友看上去有些伤心。她告诉爸爸："我问她怎么了，她说她的小鸟死了，我让她感觉好起来了。"

唐娜尽管不爱与人交往，但她对语言和非语言线索都很敏感，只是她不知道如何利用这些线索提供的信息。她的反应常常是噘着嘴走开。因为唐娜不善于思考可替代的解决办法，或者制订分步计划——这是父母还没有教给她的解决问题的两个技能——她发现，最安全的办法就是避免与难以打交道的人接触，并绕开自己解决不了的问题。和莎拉那样的孩子不同，像唐娜这样的孩子不需要太多的帮助就可以掌握这个技能，但她需要学会其他一些技能，才能很好地利用自己对别人的线索的敏感性——唐娜和莎拉将在第 6 章、第 7 章和第 8 章学到这些技能。

## 运用解决问题法：
## 现实生活中的 "我能解决问题" 对话

现在，我们可以把刚刚学会的这些倾听技能综合运用到"我能解决问题"对话中了。假设你的儿子想和妹妹下棋，但遭到了拒绝。你可以对儿子说：

· 当妹妹不想和你下棋时，你有什么感受？
· 当你因为生气而骂妹妹的时候，你认为她会有什么感受？

在孩子回答之后，你就说："你想下棋，但妹妹不想。妹妹想做什么呢？你现在能想出利用这个信息的办法吗？"

对于你的儿子来说，分清楚妹妹不想下棋的原因，是对下棋缺乏兴趣还是只是当时不想下，是很重要的。如果是后者，儿子就可以弄清楚妹妹愿意做什么。如果她什么都不想做，儿子就需要知道这一点，并要尊重这个事实。通过学会用心倾听，而不是只专注于自己关心的事情和需要，孩子就已经向最终解决冲突迈出了重要的一步。

现在，我们看看专心倾听是如何帮助莎拉的。她抱怨别的孩子不想和她玩儿，而且不喜欢她。在过去，当妈妈听说莎拉欺负别的孩子时，她可能会对莎拉禁足（"权威法"），或者告诉她在学校要善待同学（"建议法"），甚至向她解释因为她让同学感到害怕，所以才没有朋友（"解释法"）。但是，这一次，莎拉的妈妈开始用"解决问题法"和她对话，她问女儿："当你捉弄同学的时候，你认为他们会有什么感受？"

在妈妈刚开始问这个问题时，莎拉会说："我感觉很好。"这是典型的攻击性强的孩子的反应。然而，莎拉的妈妈坚持了下来。只要有机会，妈妈就问这个问题。而且，莎拉这一次做出了恰当的回答，她说："他们会感到不快。"

妈妈接下来问：

·你怎么知道他们感到不快？
·你在看他们的时候会注意到什么？
·你在听他们说的时候会注意到什么？
·当你那样做的时候，你究竟有什么感觉？
·如果你想让别人和你一起玩儿，你怎么才能知道他们可能喜欢玩什么呢？

在回答最后一个问题时，莎拉说："用心听。"多么精彩的回答啊！莎拉和妈妈以前从来没有过这样的交谈。

不但莎拉学会了倾听并思考自己的行为，而且她的妈妈也开始更多地听莎拉说的话。她没有专注于莎拉的不良行为并对之进行惩罚，而是倾听女儿的感受，或许这是第一次。

莎拉也不再因为没有朋友而感到生气时摔门，而是能清楚地告诉妈妈其他孩子对她很恼火，而且因为她也很恼火才捉弄了他们。她还做不到共情。而且，她还不会问同学喜欢做什么，或者观察当她请同学玩时，他们在做什么。但是，她开始对父母教给她的那些技能作出回应了。她开始注意到妈妈对她的感受很在意这一事实了。经过更多练习，莎拉很快就会开始关心自己的感受。

这是一个重要的开始。

## 小　结

· 当孩子的回答与你所说的话无关时，要提醒他们想想"可笑的对话"。这经常会使谈话回到正题上来。

**注意**：如果孩子全神贯注于自己极其烦恼的事情，要把她叫到一旁，并通过和她讨论她的感受（如在第 3 章介绍的那样）来帮助她消除烦恼。

· 当孩子因为别人所说的话（比如，"朱迪不喜欢我"）而烦恼时，问问孩子："你怎么知道的？你听完整她说的话了吗？"鼓励孩子弄清楚是否听到了全部的信息。

· 如果你和孩子就某个具体问题发生了冲突，要问孩子："你和我对于同一件事会有不同的感觉吗？当你把衣服丢在地板上时，你有什么感受？你认为我会有什么感受？你是怎么知道的？"如果需要，可以给孩子一些提示，例如"看着我的脸"或"我用的什么语气？"如果你的孩子与别的孩子发生了冲突，你可以用同样的方法。

·如果在你和孩子说话时，他们根本没听，你应该问问自己，你说的是否是他们已经知道的，或者你是否在让孩子表达他自己的想法和感受。让孩子告诉你他们的感受，他们认为你（或涉及到的那个人）有什么感受，而且，在适当的时候（例如，如果孩子说"没有人和我玩儿"），问问孩子是否对另一个人的兴趣和爱好了解得更多--些会有助于解决目前的问题。

·如果你能在孩子刚刚表现出不舒服时，注意到他们的面部表情和身体语言，就可以开始用"我能解决问题"对话来控制局面以免失控。要尤其注意男孩子的举止和面部表情的变化，因为与女孩子相比，他们更有可能外表表现得乐观而坚强，但内心却感到悲伤。

·如果你真正倾听了孩子说的话，他们也会听你说。

第 *5* 章

# 事情总是如表面那样吗？

就像我们能够伸展身体以获得更好的灵活性一样，我们能够拓展思维以获得更大的可能性。

我们在上一章看到，如果我们没有很好地倾听，就可能会由于误解而对别人感到生气。同样，不想清楚别人做出一个行为的原因，也会造成误解和问题。经常出现的情况是，别人言行背后的原因与我们所认为的完全不同。事物并不总是像表面上看上去的那样。

有一次，我很担心一个同事可能要拒绝我的一个重要请求，因为她说会给我打电话，但却没有打。如果我当时花点时间弄清楚她没给我打电话的原因，我就不会那么焦虑了。我后来得知，因为一个家庭出现了紧急情况，她必须马上赶过去，因此忘记了手头的所有其他事情。她没有给我打电话，乐观地说是她忘了，悲观地说是她粗心。然而，无论如何，她没有把我以为她会向我转达的信息传递给我。她不是拒绝了我的请求，而是根本没有想到我！

当人们对一个人的动机得出匆忙、不准确的结论时，就会误解那个人的意图。在与无数家庭打交道的过程中，我认识到，人们有时候在一件事情发生的当时了解不到全部事实，而且有时候过去了很久之后仍然如此。

我来解释一下。如果威尔借给查尔斯一个篮球，查尔斯没有还给他，威尔可能会认为查尔斯粗心，或者是自私，想留着自己玩儿，或者他可能会认为查尔斯把球丢了而不敢告诉他。在所有的这些情况中，威尔都是根据在某一时段内发生的事情，来考虑查尔斯没有还回篮球这件事的。

还有另外一个例子。假设，安德拉对她的朋友莫尼卡很生气，因为莫尼卡总是炫耀自己的容貌。但是，安德拉可能会认为莫尼卡喜欢炫耀（这是一个表面动机），或者，如果她能更深入想想，她可能会认识到，莫尼卡是在内心深处感到脆弱和不安全。在这两种情况中，安德拉就是考虑到了莫尼卡的一贯行为。

对这两个方面的理解——考虑一个人某一时段的行为或一贯行为——影响着我们与他人相处的方式。

## 某一时段的行为："他为什么那么做?"

孩子们和成年人一样，经常会因为在与人的交流中没有得到足够的信息而出现情感波动。如果我在大街上从一个认识的女孩身边经过，她没有和我打招呼，我可能会认为她不喜欢我——而没有想她可能没有看到我，或者她正在专心想别的事，而不是要冷落我。

还有一些时候，因为我们对别人传递的看得见的线索不敏感，也会误解别人的动机。例如，如果我注意到那个从我身边经过而没有和我打招呼的女孩步履匆匆，我就会想到她没有和我打招呼可能是因为她太匆忙，也可能是因为她根本就没有看到我。

## 收集足够的信息

为了让孩子们认识到人的行为可能出于不止一种原因，可以在家里用假设的人物玩"还有别的原因吗?"游戏。

在餐桌上或者全家人在一起的任何时候，父母可以说："我要给你们讲一个名叫贝特西的女孩的事情，你们要努力想出尽可能多的原因，解释贝特西为什么会那样做。例如，贝特西今天没有和她的朋友一起玩儿，因为……"

当问唐娜这个问题时，她回答说：

· 贝特西累了。
· 贝特西认为她的朋友再也不喜欢她了。
· 她必须要做家庭作业。
· 她必须要去看医生。
· 她不再喜欢她的朋友了。

唐娜不但想到了几种原因，而且她现在开始热情洋溢地大声说了出来。

莎拉的解释都集中在了负面的原因上：

　　·贝特西不想和她做朋友了。
　　·贝特西不喜欢她的朋友了。


　　尽管我们在第 3 章看到莎拉已经开始认识到其他人的感受了，但她仍然不能想象别人可能会有和她不同的行为。

　　在让孩子们想出了几个答案之后，要引导他们考虑人物的动机。"我们假设，本尼从唐纳德身边走过而没有和他打招呼。至少想出本尼的行为并不是要伤害唐纳德的感情的一个理由。"

　　尼古拉斯说：


　　·本尼没有看到唐纳德。
　　·本尼必须要快点赶路，因为妈妈让他放学后马上回家。
　　·他感到心烦意乱，因为他的婶婶去世了。
　　·本尼的其他朋友催他快点到一个地方去。


　　尼古拉斯毫不费力就想到了几种可能性。

　　莎拉开始喜欢这个游戏了，并且愿意动脑筋思考。尽管她只想到了一种可能性——"他的膝盖受伤了，他想回家"——但对于她来说，这是一个重要的见解，因为这是她第一次想到了一个非负面的动机。

　　当问唐娜时，她说："本尼太害羞了。"这是个很好的例子，说明人很容易根据自己的行为方式来推断别人的行为。虽然这只是唐娜随口给出的解释，但她是用自己对本尼的性格的理解来解释他的行为的，这是我们在本章的后面将要探讨的一个问题。

　　在孩子说出了自己所能想到的尽可能多的原因之后，你就说："现在，要想出至少一个原因，说明本尼那样做就是想伤害唐纳德的感情。"

尼古拉斯、唐娜和莎拉都轻而易举地回答了这个问题，说出了下面的原因：

· 本尼不喜欢唐纳德。
· 本尼不想做唐纳德的朋友。

尼古拉斯补充说："本尼在和别人打赌，如果他不和唐纳德说话，就会得到 20 美元。"

下面是家长可以利用的其他一些情境：

· 鲁迪问贝思，爸爸今天是否要带她去动物园。贝思很生气地走开了。贝思可能生鲁迪的气了。还有别的原因吗？

· 赛莉怒气冲冲地回到家里，摔上了卧室的门。妈妈以为赛莉和她生气了。还有别的原因吗？

· 马文今天没有听老师讲课。老师认为他对课程不感兴趣。还有别的原因吗？

最后，让你的孩子自己编一些情节，并列举出人们那样做的所有不同原因。

当别的孩子的行为与自己的行为不同时，那些攻击性强的孩子不但比羞怯或适应能力强的孩子更可能认为别人的动机是消极的，而且，他们也更有可能以消极方式作出回应。通过用假设人物玩"接下来你说什么?"游戏，你可以了解到当你的孩子对一个朋友感到失望时，会如何反应。

对你的孩子说：

蒂娜和莉萨计划星期六下午去看电影。星期六早上，蒂娜打电话告诉莉萨自己病了，不能去看电影了。蒂娜说，让莉萨失望使她感到很难过，并且说她之所以等到早上才打电话，是因为希望自己能好起来，能和莉萨去看电影。莉萨接下来说什么？

尼古拉斯和唐娜都很同情蒂娜，说莉萨应该告诉蒂娜自己对她生病感到难过，并且希望她很快就会好起来。唐娜甚至说要到蒂娜家里去探望她。而另一方面，莎拉说莉萨会发疯的。当被问到莉萨接下来会说什么时，莎拉说，莉萨会告诉蒂娜，她应该早一点打电话，因为现在太晚了，找不到别人和自己一起去看电影了。莎拉还认为蒂娜在撒谎，她就是不想和莉萨一起去看电影。

接下来，让你的孩子想一想，如果莉萨就是想伤害蒂娜的感情，她会说什么；以及如果她不想伤害蒂娜的感情，她又会说什么。

在孩子形成了习惯，对别人的一个行为可以举出几种可能的解释并作出不同反应之后，父母可以把这个技能和第 3 章中我们着重讨论的理解人的感受的技能结合起来。例如，尼古拉斯的父母问了他一个有关本尼和唐纳德的情景。

"假设本尼从唐纳德身边走过而没有理他，因为他不想再和唐纳德做朋友了。如果是这个原因，唐纳德会有什么感受？"

"伤心，"尼古拉斯回答，"而且担心自己要失去一个朋友了。"

"如果唐纳德认为，本尼是因为自己的姊姊去世了而感到心烦意乱，他会有不同的感受吗？"尼古拉斯的妈妈问。

"会的，唐纳德会为本尼感到难过。"

"我们刚刚学会的那个重要的词是什么来着？"

"共情。"尼古拉斯骄傲地说。

然后，妈妈问道："如果是本尼没有看到他，情况又会怎样呢？"

"我想，唐纳德就不会担心了。"尼古拉斯说。

"那么，要是本尼必须赶快回家呢？"妈妈问。

"唐纳德也会理解的。"

即使莎拉也开始喜欢上这个练习了。在不涉及自己的虚构情境中讨论别人的感受，并且认识到人们的行为可能有别的原因，而不是想伤害别人，有助于莎拉减少愤怒情绪。

在你帮助孩子理解别人行为原因的同时，你也应该想想自己孩子行为的各种不同原因。比如，如果你的孩子经常欺负或捉弄别的孩子，要想想她为什么要那样做。可能是你的孩子感到自己在家里受到了压制，她需要重获对自己生活的控制感。

罗斯·格林对那些比莎拉更经常发脾气的孩子的观察表明，一个孩子脱口而出一些情感激烈的话，可能并不是要伤害别人的感情，而是在以这种方式表达自己，因为她感觉对自己的生活失去了控制。像莎拉这样的孩子，也会经常感到对自己的生活失去了控制。通过分清楚孩子是要故意伤害别人，还是失去了控制，你就可以确定花多少精力帮助孩子关注别人的感受，以及花多少精力让孩子先关注自己的感受。

## 解读可见线索

当孩子练习抽象地考虑人们行为的原因时，他们也就是在训练自己为得出准确结论而收集信息的能力。注意可以看得见的线索，也有助于他们做出准确的判断。

在第 4 章，我提到了面部表情和身体语言这种可以看得见的线索。这些线索有助于我们理解别人的动机。一些人根本不注意这些线索。还有些人能注意到，但是，他们要么注意的是那些无关的线索，要么解读的是他们得到的不准确的信息。在这一部分，我们将着重帮助孩子们注意那些可以看得见的线索，并准确地理解这些线索。

有时候，我们对别人行为的理解方式，是由自己的行为所决定的。例如，肯·道奇和他的同事们发现，攻击性强的男孩子比其他男孩子更有可能把含义模糊的行为看成是敌对行为，并以敌对方式做出反应。但是，一些女孩子也会以这种方式做出反应。当一个同学撞到了莎拉时，莎拉跟我说那个孩子是故意的。而一个不好攻击的孩子则更可能会认为这个行为是偶然的，对方没有恶意。这样的孩子还会在做出反应之前收集导致这一行为的信息。

另一方面，攻击性强的孩子们如果意识到这一行为明显不是敌意行为，他们就不会做出敌意的反应。因而，帮助莎拉这样的孩子思考如何判定含义模糊的行为是很重要的，这样，他们就能确定一个行为是有意行为，还是无意行为。如果这一行为是故意的，莎拉就需要考虑做出怎样的回应。如果这一行为不是故意的，莎拉就需要练习不要像从前那样做出反应。

## 解读可见线索的活动

帮助好攻击的孩子分清这两种行为并学会必要技能的一个方法，就是让他们注意观察可见线索。可以给孩子提供一些行为含义模糊、可以有不止一种解释的虚构情景。你可以利用这种情景与孩子讨论人的面部表情和身体语言所提供的线索。

利用图（1）~（4），对孩子说："我给你们看几幅画，然后，我会让你们就这几幅画讲一个故事。我们假定这两个女孩叫卡拉和莫尼卡。"如果你的孩子讲的故事与这些画中的问题无关，就问孩子：

（1）

（2）

（3）

（4）

·在莫尼卡撞了卡拉之后，卡拉做了什么或说了什么？

·莫尼卡为什么弯下了腰？

·你注意到莫尼卡的面部表情，能让你知道发生了什么事吗？

·你还注意到莫尼卡的其他行为，能告诉你发生了什么事吗？

尼古拉斯不用父母问这些问题，编的故事就包括了几个线索。他说："莫尼卡撞到了卡拉，因为她没有看路，而且她看上去很着急。她提出帮卡拉把书捡起来，卡拉说'好吧'，她们俩就一起捡书了。"

尼古拉斯明白这只是一个意外，因为"莫尼卡看上去很抱歉"。他还注意到了莫尼卡开始弯下腰去捡书。尼古拉斯只漏掉了一个线索——莫尼卡用手捂住了嘴，这是一个表示尴尬的动作。但是，他注意到了她的面部表情，并且将她的弯腰理解成了积极动机：她想整理那些掉在地上的书。

而莎拉认为，莫尼卡是故意撞卡拉的，目的是把书撞掉到地上。当问她为什么这么想时，莎拉说："莫尼卡开始踩书了。"也就是说，莎拉把莫尼卡的弯腰理解成了是出于敌意。莎拉关注的是"撞"，而不是伴随这个动作的线索，并且没有注意到莫尼卡的面部表情。相反，她注意的是被误解的线索——弯下腰去踩书。莎拉的父母需要帮助她更准确地解读看得见的线索。

唐娜注意到了莫尼卡的面部表情，但由于她害怕别的孩子，她把这种面部表情理解成了愤怒而不是抱歉。为帮助唐娜换个角度看待这个线索，爸爸对她说："这是理解莫尼卡表情的一种可能办法。你还能想到一种不同的办法吗？"

现在，让你的孩子看看图（5）。莫尼卡面部表情显得很生气。她正弯下腰，把脚抬了起来，好像要踩书。回头看图（4），图中莫尼卡也弯下了腰，但双脚却是在地上的。

（5）

问孩子："你注意到这幅图中莫尼卡和前一幅图中有什么不同吗?"

由于在这幅画中，莫尼卡的敌意很明显，三个孩子——包括莎拉在内——都注意到了莫尼卡的面部表情和身体姿势。

然后，莎拉的妈妈让女儿再看看图（4），并问道："在图（4）中莫尼卡弯下腰的原因与图（5）中有什么不同吗?"莎拉仔细地看着这两幅图——对于她来说，能这样做就是一大进步。在回答妈妈的问题时，莎拉注意到了图（5）中的莫尼卡看上去比图（4）中的更生气。因为莎拉还不能自己指出这两幅图中莫尼卡的动机可能是不同的，妈妈就问："在这两幅图中，有没有可能有一幅比另一幅更清楚地表明了莫尼卡要踩书?"

莎拉立即指着图（5）说道："这一幅，她看上去好像要踩书了。"妈妈接着又问，图（4）中的莫尼卡可能会做什么。莎拉说自己不能确定。既然莎拉能关注这两幅图的区别了，那么，在确定图（4）中莫尼卡的动机之前，她至少会停下来想一想了。

接下来，要鼓励你的孩子用他们自己生活中的例子，来理解别人的行为是故意的还是偶然的。问问你的孩子："有人曾经撞到过你吗?"不管孩子如何回答，都要继续问：

· 你认为，为什么会发生这样的事（或者有可能发生）?
· 还有别的原因吗?
· 在得出结论之前，你（或者你可能）对那个人注意到了什么?
· 如果有人因为（原因 1）而撞到了你，你可能会有什么感受?
· 如果有人因为这个原因撞到了你，你接下来可能会怎么做或怎么说?
· 如果有人因为（原因 2）而撞到了你，你可能会有什么感受?
· 如果有人因为这个原因撞到了你，你接下来可能会怎么做或怎么说?
· 找出的原因会改变你接下来可能会说或做的事情吗?
· 在发怒之前，弄清楚一个人做一件事的原因是个好主意吗?

如果你的孩子既找不出故意的原因，又找不出无意的原因，你就问：

· 你认为，那个孩子撞到了你是无意的还是故意的?
· 如果你认为是故意的，你接下来会怎么做或怎么说?
· 如果你认为是无意的，你接下来会怎么做或怎么说?

尼古拉斯和唐娜都认为这次"撞"有可能是偶然的。如果是偶然的，他们俩都说自己可能会说"没关系"之类的话。但是，如果是故意的,他们俩都说这会引起一场争吵。这个回答很有趣,因为,根据现实生活中的情况来看,挑起争吵是尼古拉斯不太可能会做,而唐娜又做不到的事情。

另一方面,莎拉马上就认定"撞"是故意的,而且,她在一开始甚至无法考虑任何其他可能性。然而,当具体给她指出来时,她也注意到了面部表情和身体姿势的区别。对于莎拉的父母来说——并且最终是对于莎拉来说——编更多有多种可能原因的情景是很重要的,这样,莎拉才能在思考实际生活中所发生的事情时,利用从这些虚构情景中学到的东西。

莎拉的父母想让她更多地注意一个人的行为会使别人有什么感受。他们又说了另外一个情景——一个女孩儿打碎了另一个女孩的一件非常贵重的东西。然后,他们让莎拉想一想,如果第一个女孩是为了要伤害另一个女孩儿才把东西打碎的,会有哪些原因。莎拉说:"她想报复。那个女孩儿打碎过她的东西。"然后补充说:"也许是第二个女孩儿不让她用。"当让莎拉想出不是为了伤害另一个女孩感情的原因时,她说:"她把它掉到地上了,但不是有意的。"以及"她正跑着,没有看见。"尽管所有的孩子都喜欢这个练习,但对于那些攻击性强的孩子来说,这个练习尤其重要。

要鼓励孩子自己编一些能用来判断意图的情景,可以让孩子画一个情景。他们可以画出有故事情节的几个人物(用不干胶贴纸上的人物也可以),并加上文字说明。你可以问孩子下面这些问题:

· 这个人是有意还是无意伤害或惹另一个人的(打碎了东西,等等)?

· 你怎么知道的?

·你还能知道些什么？

·如果这个人是有意想伤害另一个人，那么（那个受伤害的人，或对方）可能会怎么做或怎么说？

·如果这个人是无意的，那么他（那个受伤害的人，或对方）可能会怎么做或怎么说？

如果有必要，你可以把下面这些情景提供给孩子，在这些情景中，有一个孩子的意图是不清楚的：

·两个孩子在打闹，其中一个孩子的眼睛青了。

·孩子们在打篮球，有一个男孩把另一个男孩撞倒了。

·一个女孩拿着一个贵重的瓷娃娃，磁娃娃掉到了地上，摔碎了。

不仅身体动作——比如"撞"或"打碎"——有时会被误解，人际交往中的其他一些行为也会被误解。当让莎拉看一幅画时——画中的一个女孩正扭头看别的地方，而没有看站在她身旁的同学——莎拉认为这个女孩在冷落同学。唐娜注意到了女孩脸上的微笑，并且说："也许她正在看她的朋友们搞恶作剧。"

如果你的孩子还做不到这些，你可以建议她给人物画上面部表情，以及能够表明一个人做某件事是有意还是无意的其他细节。如果有必要，可以让她把这些新线索考虑在内，把故事重新讲一遍。

## 实际生活中的某一时刻的行为

最后，要利用随时出现的机会与孩子讨论动机问题。例如，尼古拉斯在吃晚饭时提到，在上体育课时，他被一个篮球打中了膝盖。

"你接下来说了什么？"妈妈问。

"什么也没说，"尼古拉斯说，"因为那个孩子跟我说了对不起。"

"你怎么知道他是真的在向你道歉呢？"她问。

"他看上去很歉疚的样子，还走过来问我有没有事。如果不是真的道歉，他可能会嘲笑我，或者只是走开，而不会想过来帮忙了。"

从这个交流过程中可以明显看出，尼古拉斯知道哪些线索重要，以及如何正确地理解这些线索。

然而，莎拉在这方面还有困难。她的老师给家里打电话说，莎拉对她的同学丹尼斯大发了一通脾气。当妈妈问她为什么要对丹尼斯发脾气时，莎拉说："丹尼斯朝我皱眉头。"

作为攻击性强的孩子的一个典型，莎拉注意到了一个线索——丹尼斯的面部表情——但她只想到了一种解释：丹尼斯是对她皱眉头的。因此，就像攻击性强的孩子经常做的那样，她做出了敌意反应，而不是共情。

为了让莎拉知道面部表情可以有不止一种理解，妈妈问道："丹尼斯向你皱眉头可能有别的原因吗？好好想想。"

莎拉停了一会儿，温和地说："也许有人让她感到烦恼？"

"也许，"妈妈回答，"这是一个可能的原因。你还能再想出一个吗？"

"也许她摔倒受伤了。"莎拉说，开始微笑。

"当你想到了一个人行为的不止一个原因时，你有什么感受？"她的妈妈问。

"骄傲。"莎拉回答。莎拉非常喜欢这些问题。

当唐娜有一天放学后哭着跑回家时，她们一家人也有了一次讨论应该如何理解别人的行为的机会。特丽萨是唐娜新交的一个朋友，她不想和唐娜一起玩儿。唐娜认为特丽萨再也不喜欢她了，而且不管妈妈说什么，都无法使唐娜相信别的可能性。妈妈用"解释法"跟唐娜说，特丽萨那天不能和她一起玩儿，可能是因为她必须要去看医生，或者也许她太累了，或者她必须学习以准备考试，而唐娜根本不愿意听。

这时候，妈妈改变了策略。她问唐娜："你能想出特丽萨今天不和你一起玩的其他原因吗？"

唐娜想了一会儿，然后说："也许她妈妈让她放学后马上回家。"

"想得好，"妈妈说，她不想马上再迫使女儿想更多可能性了，便说："你开始认识到了人做一件事情可能有不止一个原因。"

唐娜正在取得更大的进步。并且，她的妈妈也开始认识到，向唐娜提问题而不是向她解释，会帮助女儿更多地思考一个人做一件事情的原因。

## 长期的一惯行为："为什么他会那样？"

要理解一个人的长期行为，比确定一个人当时的意图，需要更深层次的洞察力。在行为发生的当时，我们可以问，或者观察可以看得见的线索。但是，要理解一个人为什么表现出一贯的行为，就需要理解其潜在动机。看透人的行为并认识到形成这种行为的一些潜在的、不明显的动机，是一种有助于孩子与那些行为方式和自己不同的人相处的技能。

例如，假设 10 岁的詹姆斯经常做出危险的行为。他的朋友罗伯特能够根据动机来判断詹姆斯的行为，他可能就会想，"詹姆斯之所以那样做，是因为他觉得好玩儿"（这是一个比较表层的原因），或者将其归结为一个不那么明显的动机："他之所以这样做，是为了在受伤时有人会照顾他。"或者"他可能正处于恐惧之中"。最后这两种理解，反映了对詹姆斯行为的一些不那么直接的解释。

理解潜在动机的目的，不是为了要证实这些解释，而是为了承认人的一惯行为的背后常常会有许多隐藏的原因。

## 理解一惯行为的活动

一家人在一起的任何时候，爸爸或妈妈都可以说："今天我们谈谈人的行为，以及他们为什么要做出那些行为。我来开个头，然后你们继续。我们假设，马克总是炫耀自己有多么聪明。我要问一些问题，每个人都可以回答。"（你的配偶也可以回答，但要让孩子来回答大多数问题。）

· 为什么有人会炫耀自己有多么聪明？
· 当马克那样炫耀自己时，他会有什么感受？
· 他还可能会有其他感受吗？
· 当他那样炫耀自己时，其他孩子会有什么感受？
· 当他那样炫耀自己时，其他孩子会怎样想？

尼古拉斯和唐娜，都能提出一些比莎拉具有更深洞察力的想法。尼古拉斯把马克的炫耀归结为内心深处的不安全感，他说：

"马克并不是真正觉得自己聪明，而是自我吹嘘使他觉得自己聪明。"但是，尼古拉斯还认识到，马克可能是感到沮丧，因为他知道自己功课不好。尼古拉斯和唐娜还想到，别的孩子不会喜欢接近马克，因为他所做的一切就是说自己如何了不起。就像唐娜说的："这就是他没有朋友的原因。"

莎拉还看不到那么多。她只认为："马克吹嘘是因为这使他感觉良好。"

下面是你可以给孩子的另一个故事：假设，埃里克是一个五年级学生，几个女孩正在操场上练习投篮，他在找几个女孩的麻烦。每当她们投不中时，他都大笑着取笑她们，还说一些"我简直无法相信，这么容易你们都投不中"或者"你们真笨"之类的话。

当问尼古拉斯与前面的情景同样的问题时，他提出了好几种解释。他说，埃里克之所以那么做，"是因为他想成为投篮高手，他实际上并不喜欢自己，人们对他很苛刻，或者他在家里有问题"。

唐娜也表现出了一定的洞察力，她解释说："他只是对这个世界感到生气。"或者，"他妈妈打了他，他把怒气发泄到了他的朋友身上。"但是，莎拉像其他好攻击的孩子一样，站在了欺负人的孩子一边，她解释说："她们投不中，他能。"以及"她们现在知道他了不起啦。"

要帮助莎拉认识到人的行为可能有不止一种原因，可以让她自己想出一些情景。例如，她喜欢画一个女孩儿笑着用手指着另一个女孩儿。莎拉对这件事这么投入，不只是因为可以谈论这个情景。当让她解释这幅画时，莎拉说，一个女孩儿正在取笑另一个女孩儿，因为她（被取笑的女孩）长得丑。但是，莎拉接着又解释说，她（取笑的女孩）也长得丑，而且没有朋友。这个认识——施恶者取笑另一个女孩儿，可能是因为她对自己感到不满意——对于莎拉来说是一个突破，她开始认识到了人的行为的不那么表面化的原因。

## 现实生活中的一惯行为

当我们在现实生活中和人交往时，经常很难——如果不是不可能的话——确定别人的潜在动机。一个孩子为什么会欺负另一个孩子？一个孩子为什么在不征得同意的情况下拿别人的东西？这些经常出现的、恼人的并且有时候甚至会造成伤害的行为，是很难解释的。然而，让孩子尝试着去解释是很重要的；他们需要明白，人们以某种方式行事是有不同原因的。

当唐娜因为她不喜欢的一个女孩儿缠着她一起玩儿，而生气地回到家时，妈妈问她："你认为她为什么会那样？"

唐娜刚开始时说："因为她喜欢烦我。"但是，她想起来了曾经和妈妈讨论过这种情况，就说："她可能没有朋友。"

妈妈紧接着问唐娜："还有别的原因吗？"

"也许她喜欢我。"

"当她纠缠你时，你有什么感受？"

"很生气。她让我烦透了。"

"现在你想对她说什么？"

"什么也不说，我只想走开。"

"你认为她会有什么感受？"

"难过。"

妈妈接着又问："如果你认为她是顾意要烦你，你会怎样对她？这与你认为她是因为没有朋友，或者她确实喜欢你，只是不知道怎样让你和她一起玩儿，你对待她的方式会有不同吗？"

唐娜回答说："如果我认为她没有朋友，或者她不知道怎样让我

95

和她一起玩儿，我想我对她会好些，但我还是不会和她做朋友。"

唐娜的妈妈到此为止，没有再问唐娜。唐娜至少开始意识到了那个女孩有可能并不是想烦她。

莎拉对人的行为的洞察力也有了提高。一天晚上，她告诉父母，学校里有一个男孩"总想自己赢"。

"多给我们讲讲他的情况。"她的爸爸说。

"如果我们赢了，他就说我们作弊。当他赢时，就是因为他棒。他说：'我赢了！'我说：'是啊！你吹牛比赛赢了。'"

她的妈妈几乎抑制不住地想笑，问她："你知道他为什么那样吗？"

莎拉说："因为他知道，如果公平比赛的话，他就赢不了。"

这是一个好的开端。她的父母非常兴奋，就把对话打住了。

即使那些对别人行为的原因很有洞察力的孩子，也难以改变自己对他人行为的看法。我让尼古拉斯给我讲讲他的同学雷蒙德，雷蒙德经常对他作出恶意行为。他说，如果他知道雷蒙德"只是表现得像他爸爸一样"，他可能会更加同情他，但又补充说："他还是对别人不好。"尼古拉斯继续说："当我只是问他一个简单问题时，他认为我很爱打听别人的闲事。"我问尼古拉斯这是什么意思，他说："我问他做的是哪一个地方（一个地理作业），而雷蒙德表现得就像个真正的小坏蛋一样。"根据尼古拉斯向我解释时的样子，似乎是雷蒙德嘲讽地回答道："你为什么一定要知道？"尼古拉斯"感到伤心"，因为"我只是想对他好一些"。

在这种情况下，即使尼古拉斯也改变不了他和雷蒙德这种孩子相处的方式。但是，孩子们能够学会思考雷蒙德为什么会那么做。这个技能和我们到现在为止所讨论过的其他技能——倾听，表达以及认识到自己和他人的感受——将给孩子们奠定解决与同龄人、老师以及父母之间出现的问题的基础。

# 小　结

## 某一时刻的行为

· 如果你的孩子对另一个孩子的言语或行为感到烦恼，就问她是否还记得对方所做或所说的每一件事，以及对方的言语或行为是否可能有其他原因。

让你的孩子告诉你，她对对方的面部表情、语调或其他任何身体动作都注意到了什么，这是有助于孩子了解对方意图的一些线索。

问问你的孩子，在另一个孩子那么做或那么说了之后，他做或说了什么。然后，再问孩子，如果那个孩子的本意就是要伤害他的感情，他是否还会那么做或那么说；如果那个孩子是事出有因又会怎么样。例如，不遵守一起出去玩儿的承诺，去了别的地方等等。

如果对方的行为意图不清楚，就问你的孩子，如果她知道对方有意想伤害她或者只是一个意外，她所说的或者做的是否会不一样。

## 一惯行为

· 如果你的孩子抱怨另一个孩子的习惯性行为，例如，一个孩子在学校总是欺负或捉弄别的孩子，就让他想想那个孩子这样做可能会有的各种不同原因。

问你的孩子，当他自己那样做时，别的孩子可能会有什么感受。

问你的孩子，当别的孩子那样做时，他会有什么感受。

注意：帮助孩子多想想怎样回应欺负人和捉弄人的孩子，将会使孩子掌握更多解决问题的技能，第 6 章和第 7 章对此有详细介绍。

·作为父母，要多想想孩子行为的各种可能原因。例如，如果你的孩子欺侮或捉弄别的孩子，就要想想她为什么会这样做。可能你的孩子感觉受到了压制，需要重获对自己生活的控制感。在目前，只需要想想，如果你的孩子是在寻求关注或者不论是其他什么原因，你的做法应该有哪些改变。正如我们在第 4 章中提到的那样，要注意你的孩子的非语言线索，尤其是儿子的，因为男孩子可能会掩藏自己内心的感受。正如你正在让孩子知道事情并不总是像表面所显现的那样，对于你来说，认识到孩子的感受可能并非总是如他们表现出来的那样，也是很重要的。（如何跟孩子交谈才能弄清楚孩子在想什么，将在第 6 章讨论。）

第 *6* 章

# 要想解决这个问题，我还能怎么做?

## 寻找多种解决问题的办法

能够自己解决问题的孩子感觉被赋予了力量，而不是被剥夺了力量。

莎拉对于让别人知道自己的心事不那么紧张了。当别人让她了解他们的感受和想法时，她也不那么抵触了。她不再不听别人说话，而是更能接受别人的反馈，比以前更在意别人要说什么了。她不再匆忙地对一件事下错误的结论，而是更愿意思考人们为什么要那样做了。

这是莎拉为形成出众的社会能力所迈出的重要的第一步。但是，这还不够。尽管在被激怒时，莎拉已经能更好地控制自己的愤怒；并且在有人惹恼她时，她能克制住自己不大发脾气或骂对方，但是，在发生这些冲突的情况下，她仍然想不到还有什么其他办法。

唐娜非常理解别人的感受，但她仍然害怕加入到那些正在玩儿的孩子们中去，并且她还是被别的孩子欺负，因为她还不会在面对同龄人时维护自己的权利。她很快就会放弃，而且像莎拉一样，她想不出还有什么别的办法。

尼古拉斯与莎拉和唐娜最明显的区别就是，在冲突发生时，他能够缓解自己和对方的紧张感。他知道如何利用自己的倾听技巧和对别人的敏感来解决问题。但是，正如我在第1章提到的那样，即使像尼古拉斯这样善于解决问题的孩子，也总有些时候不能运用自己掌握的那些技能。

在本章和接下来的三章里，我会介绍如何帮助你的孩子成为问题解决过程的积极参与者，以及在冲突发生时如何减轻紧张感。不论你的孩子是与兄弟姐妹、朋友、老师或是作为父母的你之间出现了问题，最终每个人都会感觉很愉快。

## 学会思考多种解决问题的办法

社会能力强、情商高的孩子，能够想出不同的办法来解决问题，而不是做出冲动的反应，或者在第一次尝试失败后就放弃。例如，这样的孩子会想到，要结交新朋友，她可以：

· 提出分享自己的东西
· 举办一个聚会
· 在学校认识新同学

要鼓励你的孩子想出一个问题的不同解决办法，就要把这当成一个头脑风暴活动。也就是说，对提出的办法不要做评价，要提出各种可能的办法，而不论这些办法有多么牵强。其目的是对一个具体事情或问题，想出尽可能多的办法："我可以这么做，或那么做，或者甚至可以……"

有些读者从《如何培养孩子的社会能力》中已经知道，提出不同的解决办法的能力，在人的一生中都是极其重要的。三四岁的孩子就能学会这个能力。但是，这项能力的训练不能到此为止。在孩子成长的过程中，继续培养和锻炼这项技能，使他们能在日益复杂的日常生活中加以运用，是非常重要的。而且，如果想出多种解决办法对于你的孩子来说还很陌生，那么，8~12岁时开始学习也不算太晚。应该先在虚构的情景中练习，然后再运用到现实生活中。

## 在虚构的情境中运用多种解决办法

在刚开始帮助孩子学习这项技能时，最好的办法通常是鼓励孩子思考别人的问题，或者是涉及假想人物的问题。这样，孩子就不会像考虑自己生活中的真实问题那样焦虑。即使你的孩子能够想到自己的一个真实例子，并且想用它来练习，但在回想起当时体验到的紧张感时，他最终可能也会无法开口。这就是我建议一开始要使用假想人物的原因。

首先，回顾一下前面的"我能解决问题"练习。你可以说："当我们在玩'怎么会是这样？'（见第4章），或者'还有别的原因吗？'（见第5章）的游戏时，我们实际上是在问，是否有更多的方法可以明白别人的想法和感受。解决人们之间出现的问题的方法，也不止有一种。首先，我要给你们讲一个发生在两个孩子之间的问题。亚历克斯（或玛格丽特）和鲍勃（或贾尼娜）都是跟你们同样年龄的孩子。亚历克斯想让鲍勃成为他的朋友。亚历克斯怎么说或怎么做，才能让鲍勃成为他的朋友呢？"

在你的孩子说出一个办法之后，你说："这是一种办法。这个游戏的目的是想出很多不同的办法来解决这个问题。答案无所谓对错。把你能想到的任何办法都告诉我。"

莎拉很吃惊，因为妈妈并没有批评她想出来的办法——"告诉贾尼娜，如果她不做玛格丽特的朋友，会被狠狠地揍一顿。"妈妈没有说自己对女儿的解决办法的看法，只是说："这是一个办法。你还能想出更多的办法吗？"这就使莎拉能够无拘无束地考虑其他办法了。

"去问她，要是她拒绝，就问她为什么。"莎拉说。

妈妈回答："已经有两种办法了。还有第三种办法吗？"

莎拉停了一下，认真地思考着，然后说："讲一些好玩的事情，引起她的注意。"

妈妈对莎拉很满意——不是因为她具体说了什么，而是因为她能想出不止一个办法来解决问题。妈妈对自己也很满意。要是在过去，她可能会马上对女儿提出的解决办法做出评价。现在，她认识到，如果她对莎拉提出的解决办法说"不，不要那样做"或"很好"或"我喜欢那个办法"，就会诱导莎拉顺着妈妈的思路想下去。那样，如果妈妈赞同的办法没能解决问题，莎拉就会发现自己束手无策，因为她在头脑风暴阶段没有提出解决问题的更多可选办法。

唐娜想到的办法是："玛格丽特可以和贾尼娜说说她的问题"。当要求唐娜再多想一些办法时，她补充说，"当贾尼娜感到累的时候，玛格丽特就帮她背书包。"以及"跟贾尼娜说，'我以前从来没有朋友'"。

像莎拉和唐娜这样的孩子，还不会主动想出三四种解决办法。但是，如果敦促她们想更多办法的话，她们也能够想到。相反，尼古拉斯通常自己就能想出很多解决办法。下面是他提出的一些办法："防止鲍勃的东西被偷"，"如果有人烦扰鲍勃，就保护他"，以及"当亚历克斯遇到问题时，就去征求鲍勃的意见"。另一个正在学习"我能解决问题"法的 12 岁女孩则提出："安排一个人威胁贾尼娜，说要打她一顿，然后设个圈套，再去救她。"能力很强的孩子会想出父母不赞同的办法，这就是一个很好的例子。在这种情况下，她的妈妈也没有打断女儿的思路，而是让女儿思考更多的办法。这个女孩儿又说："投票选贾尼娜进儿童俱乐部。""慢慢来。"以及"想办法得到贾尼娜的信任。"

但是，在这个年龄，即使能力很强的孩子提出的几种解决办法也往往是同一主题的。在回答上面的问题时，尼古拉斯说："告诉鲍勃，他足球踢得非常棒。"以及"告诉鲍勃，他是班里最有趣的男孩儿。"尽管这两个方法似乎是不同的，但实际上都是"称赞"的不同方式而已。为了帮助你的孩子克服这种思维障碍，你可以说："告诉鲍勃他足球踢得非常棒，以及告诉鲍勃他是班里最有趣的男孩儿，都是在称赞鲍勃。你能想出与称赞不同的方法吗？"

让你的孩子画几个人物或用不干胶贴纸上的人物提出自己的问题。一个 11 岁的女孩儿画了下面这两个人物，并说："乔吉特感到心烦意乱，因为她的朋友生她的气了。"

她的妈妈问："乔吉特能说些什么或做什么，才能让她的朋友不再生她的气？"

"她可以给朋友买她最喜欢吃的冰淇淋。"

"还有别的方法吗？"

"她可以帮朋友做家庭作业。或者，她可以请求朋友高兴起

来，别再生气了。或者她可以让别的朋友代她向朋友说声对不起。"

这个女孩像尼古拉斯一样，也能自己想出许多办法。

因为知道唐娜仍然害怕别人——尤其是在她认为别人生她的气时——她的妈妈就想出了一个不同的问题情景，并给这个练习增加了一个新问题。她告诉唐娜，最近，当露丝想做家庭作业的时候，她的弟弟一直打扰她。妈妈让唐娜想想，露丝怎么做或怎么说，才能让弟弟在她做作业的时候不再打扰她。妈妈让唐娜先想想那些不会使弟弟感到生气的办法，然后再想想可能会让弟弟感到生气的办法。

唐娜说："她可以告诉弟弟，她需要学习，因为她需要取得好成绩。"

"这是一个办法，"唐娜的妈妈说，"她还能怎么做或怎么说？"

"她可以说，在做完作业后会和他一起玩儿。"唐娜回答。此时，再要求唐娜，她也想不出其他任何办法了。然后，妈妈问她，露丝怎么说会让弟弟感到生气，唐娜说："告诉他，现在她就去玩儿，但她只是假装跟他走到门口，然后当着他的面把门关上。"

"没错，这可能会使弟弟生气，"唐娜的妈妈说，"还有别的办法会让他生气吗？"

唐娜想了想，说："叫他走开。"

莎拉的妈妈用这个练习来帮助女儿思考不同的解决办法会怎样影响别人的感受。莎拉现在已经能够明白之间的区别了，但仅仅是在虚构的情景里。在问到这个问题时，莎拉说，如果"露丝在做家庭作业时让弟弟玩她的电子游戏机"，弟弟就不会生气了；如果露丝的朋友们"合伙对付他"，弟弟就会生气。然后，她又咯咯地笑着说："露丝还可以藏到床底下，让弟弟找不到她，但我不知道这是否会让弟弟生气。"她的妈妈也笑了，说："如果弟弟发现露丝藏在床底下，可就太好玩了！"妈妈希望，当莎拉的弟弟以后再"打扰她"时，莎拉能够知道该怎么做。

当让尼古拉斯想出两种办法，使罗伯特可以跟妹妹解释自己必须做家庭作业时，他的办法是典型的创造性的。"如果罗伯特给妹妹讲一个关于一个朋友总是打扰别人的小故事，妹妹就不会生气了。"他先说道。然后，他又说，罗伯特可以设法让妹妹对乐高玩具感兴趣，教她怎样组装乐高飞机。"然后，"他解释说，"她就可以自己组装飞机，而罗伯特就可以做家庭作业了。"当被问到怎么做会使罗伯特的妹妹生气时，尼古拉斯说："如果不管妹妹问什么，罗伯特都告诉她错误的答案，妹妹就再也不会打扰他了。"以及"把妹妹带到一个地方，然后扔在那儿不管。"尼古拉斯说到这个办法时，轻声笑了出来，说："妹妹会知道自己被骗了。"

孩子们还喜欢对在电视上看到的喜剧或所读的书中的情景出现的问题，提出不同的解决办法。在车里、吃晚饭时，以及任何方便交谈的地方，你都可以提出问题。唐娜仍然喜欢写出来，而不是说出来，她专门准备了"我能解决问题"日记，来做这个练习。她编了问题，画了人物，并记下了几个解决问题的办法。有一天，她对自己记下来的东西感到非常骄傲，以至于她跑到爸爸妈妈身边，让他们看她的画。她想大声读出自己的想法，这对她来说是第一次，也许是因为她已经写好了答案，而不必即兴去想了。不管是什么原因，唐娜说着、笑着，而且感到非常骄傲。

有了这个练习的经验，唐娜、莎拉和尼古拉斯就为练习用不止一种办法来解决自己现实生活中出现的问题做好准备了。

## 在现实生活中

正如我在第 1 章中提到的，在孩子们的生活中，问题和冲突的出现是自然的、不可避免的。我们的目的不是消除所有的冲突，而是要让孩子学会怎样自信而圆满地解决这些冲突。孩子们通常会遇到的冲突主要是三个方面的：孩子与孩子之间、父母与孩子之间、孩子与老师之间。我会在下一章讨论孩子和老师之间的冲突。

### 孩子与孩子之间的问题

我让 8～12 岁的孩子们告诉我，当涉及到其他孩子时，最让他们担心的问题是什么，"欺负人"的问题是孩子们最担心的。

一个很受同学喜欢、社会能力很强的 10 岁女孩儿，却无法使自己忘掉多米尼克——班里那个爱欺负人的女孩子。甚至当我和她谈其他事情时，比如她刚刚喜欢上的滑冰，她也总是会转回到多米尼克的话题上。当我和这个女孩儿交谈时，我开始意识到，多米尼克在她脑海中挥之不去，主要有两个原因：首先，她害怕多米尼克。其次，她感到无助，因为她不知道如何让自己不受多米尼克的打扰。

欺负人也是令男孩子们感到烦恼的一个问题。甚至像尼古拉斯这样善于解决问题的孩子，在对付过分好攻击的孩子时，也会遇到很大困难。下面是尼古拉斯的妈妈为帮助他想出解决这个非常现实的问题的各种不同办法，与他所作的交谈：

妈妈：我知道，当安德鲁很霸道时，让你感到很烦恼。你能想想，做些什么或说些什么能使他不再欺负你吗？

尼古拉斯：我只能离他远点儿。

妈妈：好，那是你能做的一件事。你还能做什么？

（尼古拉斯想了一会儿。）

尼古拉斯：我可以告诉他，他打扰我的时候，我感到很生气。

第二天，尼古拉斯就去告诉了安德鲁，当他烦扰自己的时候，自己有多么生气——但是，因为他有点害怕安德鲁，所以他是在操场上和安德鲁说的，是在旁边有其他孩子的时候。安德鲁像大多数好攻击的孩子一样，不是很在乎尼古拉斯的感受，并继续烦扰他。然而，尼古拉斯还是很高兴把自己的感受告诉了安德鲁。尽管尼古拉斯希望自己能改变安德鲁，让他不再欺负别人，但这个目标并不现实。尼古拉斯所能做的只能是找到一个办法来解决这个问题，无论是离安德鲁远点儿，还是告诉安德鲁自己的感受，以使自己感到宽慰。

　　莎拉比以前更能共情了。她开始理解，当她烦扰或取笑别人时，别人会有什么感受。而且，因为她正在学会思考当别人那样对待她时，她可以怎么做或怎么说，所以，她第一次认识到，当她对别人做出那种行为时，别人会怎样看待她。她认识到了，尽管她非常想和同学一起玩儿，但同学们不想和她玩儿，不想和她说心里话，不想和她在一个小组。但她现在开始理解了，同学们之所以排斥她有她自身的原因。莎拉开始注意观察那些表现出她以前那种行为的女孩，并注意到了这种行为的后果，这是莎拉取得进步的一个标志。例如，在看到班里的一个女孩儿欺负别人时，她就想说："如果你那样欺负别人，你就不会有朋友了。"

　　尽管莎拉现在能够注意到自己的感受，并且对别人的感受也更关心了，但是，在发生激烈冲突时，她还是很难控制自己的情绪。一天，莎拉和爸爸就得到了一次用一种不同的方法来解决冲突的学习机会。

　　莎拉的爸爸收到了老师的一张便条，说莎拉欺负了一个同学，因为这个同学不想让莎拉用她的魔幻记号笔。爸爸的第一反应就是要大吵莎拉一顿——让莎拉知道她做错了事，如果她总是欺负别人就不会有任何朋友了——并且要惩罚她。但是，因为爸爸正在学习"我能解决问题"法，他克制住了自己，并开始了一次解决问题的对话。

　　*爸爸：* 发生什么事了？

　　*莎拉：* 我想要记号笔，而琼尼不给我！

　　*爸爸：* 然后怎么了？

　　*莎拉：* 我骂她笨，并狠狠地瞪了她一眼，她吓坏了。

　　*爸爸：* 你能想出一个办法让你用她的记号笔，而不是吓唬她吗？

因为感到爸爸不会批评她，莎拉没那么紧张了，就努力地想自己还能怎么做。她说："把记号笔折断，让她也没有记号笔。"莎拉的爸爸没有料到她会这样回答，但他想起了用虚构情境做过的那个练习。

爸爸：吓唬琼尼和折断记号笔，会使她感到生气，还是不生气？

莎拉：我想，她会生气。

爸爸：现在，你能想出不会使琼尼生气的解决办法吗？

莎拉：想不出来。

爸爸感到很沮丧，深深地吸了一口气，一直等到自己平静下来。之后，他说："我知道，如果你好好想想，你会想出一个主意来的。"

莎拉感到非常惊讶，爸爸竟然没有对她大吼大叫，就说："我可以问她。"

爸爸微笑着说："想得好。"

要注意，莎拉的爸爸没有称赞她想到了什么，称赞的是她想了。他没有再说别的。

第二天，莎拉异常兴奋地回到了家里，说："爸爸，我告诉琼尼，我为吓她感到很抱歉。"

一个多么令人惊喜的时刻啊！

唐娜也告诉父母，班里有一个女孩儿欺负她，但在让她想想处理这种情况的办法时，她说："你没办法阻止别人做他们想做的事。"或许，这是因为唐娜还想不出，在面对一个欺负她的孩子时，自己该怎么做或怎么说。或许，这是因为她宁愿不惜一切代价避免冲突。

由于唐娜还很羞怯，并且害怕别的孩子，所以，帮助她面对这种情景是极其重要的。受到欺负的孩子通常会感到很无助，而这种感受可能会存在于孩子的一生之中。有时候，正是这些最初没能很好地保护自己的孩子，最终也变成了好欺负别人的人。这就是唐娜的妈妈不接受女儿回答"我不知道"的原因。相反，她和女儿一起做头脑风暴，用"解决问题法"提出了几种解决办法。

*妈妈*：我知道，如果你好好想想，就能想出办法来。无论是什么办法都可以。现在就想想吧。

*唐娜*：我可以告诉老师。

*妈妈*：这是一个办法。你还能再想出一个办法吗？

*唐娜*：告诉你。

这个回答让妈妈愣了一下。她意识到，过去，为了保护自己胆小的女儿免受伤害，她经常说："别担心，我会和你的老师谈这件事的。"因此，唐娜不必自己去想应该怎么说或者怎样做——因为妈妈已经替她把问题解决了。现在，幸亏"我能解决问题"法，唐娜的妈妈认识到，对于唐娜来说，告诉老师和告诉妈妈实际上是同一个主题的两种方式，而她需要想出新的办法。所以，妈妈对唐娜说："告诉老师和告诉我，都是同一个想法——告诉某个人。你能想出与'告诉某个人'不同的办法吗？"

"能，我可以告诉她，不能再欺负我。"唐娜说。她为自己能够想出这样一个主意感到很惊讶。尽管她还没有准备好把这个想法付诸行动，但她开始认识到，不一定只是承受发生在自己身上的事情；她还能主动改变事情。

然后，唐娜回到了自己的房间，打开了她的"我能解决问题"日记本，并开始写下更多的想法。这是第一次，她开始感到了更多的自信——这是她从来没有感觉到的，父母以前总是用"不要再想那件事了。""你不需要那样的朋友。"或者"我会和你的老师谈这件事"来安慰她。

但是，不论是孩子，还是父母，都不会在一夜之间完全改变。一两个星期之后，唐娜哭着回到了家里。

唐娜：妈妈，我以为可以相信翠西，现在我知道不能相信她。

妈妈：怎么了？

唐娜：她告诉塔米，说我不喜欢塔米捉弄我。

妈妈：那你就告诉翠西，你不喜欢她那么做。

唐娜：我不。她也会开始捉弄我的。

妈妈：你现在逐渐长成一个大姑娘了，必须得学会保护自己。

唐娜的妈妈没有意识到，当她说"那你告诉翠西，你不喜欢她那么做"时，就又回到了替唐娜思考的老路上。

幸运的是，她自己警醒了。想到"解决问题法"，唐娜的妈妈意识到，自己要做的是帮助唐娜想出解决问题的多种办法。

妈妈：翠西把你想让她保密的事告诉了别人。这让你有什么感受？

唐娜：生气，失望。还有一点害怕。

妈妈：你能做什么或说什么，让翠西知道你对这件事的感受呢？

　　*唐娜*：我可以告诉她，我感到生气和失望。但我不会告诉她我害怕。

　　*妈妈*：想得好。去试试吧。


　　第二天，唐娜骄傲地告诉父母，她跟翠西说，她对翠西泄露自己的秘密感到生气和失望，翠西向她道了歉。在妈妈的引导下，唐娜自己想出了解决办法，她感到自己有能力独立做事了，而她感受到的骄傲就是一种回报。

　　许多8～12岁的孩子遇到的另一个问题是攀比，既包括在学校里和其他孩子的攀比，也包括在家里和兄弟姐妹之间的攀比。有时候，每个孩子都会被这种攀比激怒，包括像尼古拉斯这样社会能力很强的孩子。鼓励孩子们想出不同的办法来缓和这种攀比，不但对于莎拉和唐娜来说很重要，对于尼古拉斯来说也同样重要。

　　尼古拉斯还是会大发脾气，尤其是当他感到妹妹在和他攀比时，哪怕是在像帮助烤饼干这样的小事上。正如他所说："每次我一开始倒原料，塔拉就也要倒。她总是让我很烦。我一拿出我的电子游戏机，她就想玩儿。"

　　在一次烤饼干时，尼古拉斯冲妹妹大喊："塔拉，不要妨碍我，你又烦我了！"妈妈只简单地问了一句："尼古拉斯，你能想个别的办法告诉妹妹你的感受吗？"就平息了战火。

　　在平静下来之后，尼古拉斯说："好吧，塔拉，这次你先倒原料吧。"尽管他还是感到沮丧，但他告诉妈妈，他知道妹妹很快就会对这件事感到无聊，那时候就该轮到他了。

　　当塔拉想跟着尼古拉斯去他朋友家的时候，他也会恼怒。他告诉塔拉："我要和朋友谈事，我不想你在场。"但塔拉不听，还是坚持要去。尼古拉斯接着又说："你是个女孩儿。女孩儿不和男孩玩儿。"这使塔拉更要去了。

一天，一个朋友邀请塔拉到她家里去玩儿，尼古拉斯说："我要和你一起去。"塔拉说："不行，我不想让你去。"突然，尼古拉斯偶然间发现了解决自己和妹妹之间问题的办法。他对塔拉说："你现在知道当我想和朋友独处时有什么感受了吧。"塔拉从哥哥的角度来看待了这个问题，她不再纠缠哥哥了。

莎拉在学校开始和朋友攀比。在过去的一两个月里，她有好几次因为谁的衣服更好和朋友发生了争执。结果，她开始缠着妈妈给她买更贵的裤子、上衣和鞋子。妈妈感到糟了。一方面，她很高兴莎拉开始注意交朋友了；而另一方面，她又希望莎拉不要这么看重用穿戴引起同龄人的关注。同时，她知道莎拉想要的衣服超出了家里的预算。

但是，因为妈妈为莎拉不再攻击别人所鼓舞，她开始和莎拉讨论如何解决面对的这个问题。

*妈妈*：你怎样做或怎样说，才会让那些孩子不再炫耀她们的衣服？

*莎拉*：我只要说她们的衣服太难看。不，我有了一个更好的主意。我只要说她们不知道自己在说什么。这会让我自己心里感觉好受些。

*妈妈*：这些方法会使她们生气还是不生气？

*莎拉*：我想，她们会生气，但我想不出其他办法。

*妈妈*：你越来越善于思考了。我知道你会想出办法的。

*莎拉*：我可以告诉她们，我喜欢自己的衣服，不要再炫耀了。

*妈妈*：现在你想出的办法越来越多了。还能想出别的办法吗？

　　*莎拉*：我可以让别的孩子告诉她们不要再炫耀了。我知道，我还可以让老师批评她们，这样，我就不用管这件事了。

　　之后，莎拉微微一笑，说："但是，我想那会使她们生气，对吗？"

　　莎拉的妈妈感到非常骄傲，莎拉在没有任何提示的情况下，就知道什么事情会使其他女孩儿生气。

　　唐娜没有想过在什么事情上超过别的孩子，或与朋友攀比穿戴，然而，当一个同学说她不太擅长画画时，她感到特别难过。唐娜的妈妈并没有把注意力集中在唐娜不能做的事情上，而是对唐娜说："想想你擅长的一件事。"尽管唐娜当时没有回答，但是，那天晚上她拿出了日记本，开始考虑自己能说或者能做些什么，以使自己感觉好一些。

　　一周以后，正好是在圣诞节前，唐娜有了一个主意。她让妈妈帮她烤一个人形姜汁饼。她用糖做了嘴巴，并把它放到了小人的前额上。糖球做的眼睛放到了嘴巴下面，甘草糖做的鼻子放到了右眼下面。唐娜笑得非常开心，几乎都停不下来了。她迫不及待地想在第二天去学校炫耀自己的作品。所有的孩子都开怀大笑，唐娜笑容满面地回到了家里。她终于引起了大家的关注。

　　唐娜的妈妈从这件事中吸取了一个重要的教训。如果是妈妈建议她做姜汁饼，唐娜可能会把这个建议丢到一边。但是，这是唐娜自己的主意。她感到很有把握，并很愿意试一试。

## 孩子与父母之间的问题

　　尽管权威法、建议法和解释法在很多方面是不同的，但有一个共同点：都没有父母与孩子的交谈，而只是父母自己在说。父母经常发现自己是在自言自语，说的都是自己脑子里的想法，而与他们宣称的谈话对象——孩子——几乎没有关系。

11 岁的兰迪和他的妈妈发现，他们在兰迪和他的朋友去看 R 级恐怖电影的事情上一再发生争论。下面就是兰迪和妈妈的对话。

*兰迪*：星期六我要和朋友去看电影。

*妈妈*：你们要看什么电影？

*兰迪*：《精神病患者》。

*妈妈*：我不想让你去看那部电影。你会作恶梦的。

*兰迪*：妈妈，大家都去。如果我不和朋友们一起去，以后朋友们就不欢迎我了。

*妈妈*：兰迪！（她真的生气了。）

*兰迪*：妈妈，求你了，我已经给每个人都打过电话了。我答应他们会去的。

*妈妈*：如果你要为某部电影而担心自己是否会受朋友的欢迎，说明你交的朋友可能有问题。友谊是以你是怎样一个人为基础的；友谊是信任，是彼此坦诚相待。如果只是建立在肤浅的事情上，就不是真正的友谊。不管怎样，你的朋友喜欢的应该是你这个人。

兰迪的妈妈告诉我，她和儿子已经这样讨论过好几次了，现在儿子明白为什么不必朋友们做什么，他就做什么了。

现在，让我们来看看兰迪对这种"讨论"的理解。下面是他认为的交谈过程。

兰迪：妈妈，星期六晚上我要去看电影。

妈妈：你要看什么电影？

兰迪：《精神病患者》。

妈妈：不行，我不想让你去看那部电影。

兰迪：妈妈，大家都去。如果我不和朋友们一起去，以后朋友们就不欢迎我了。

妈妈：兰迪！

兰迪：我已经读过那本书了，没有那么恐怖。

妈妈：兰迪，我不想让你去看《精神病患者》！

兰迪（对我说）：她只会生气。有时候会让我去，有时候她不让我去。

我问兰迪，当妈妈确实不让他去时，接下来会发生什么事，他说："我提高嗓门，然后回我的房间。"

注意，兰迪一个字也没提到妈妈那一长串关于友谊的解释。他很可能一个字也没有听进去。他也没有提到妈妈为什么不希望他去看这部电影。他听到的只是妈妈生气了。

尽管兰迪的妈妈采用的主要是"解释法"，只是最小限度地运用了"权威法"，但兰迪感知到的妈妈的怒气却超过了她的"解释"，因为兰迪把这看成了使他无法实现自己当时想法的一个障碍。

兰迪的妈妈既惊讶又失望，儿子对她的解释居然一个字也没记住。这促使她要对兰迪运用"解决问题法"，而且，她很快就看到，让儿子参与到解决问题中来，能防止兰迪对谈话充耳不闻。

妈妈：兰迪，朋友们做什么你就做什么，是你受朋友欢迎的惟一办法吗？

　　*兰迪*：妈妈，要是我不去，他们就会认为我是个怪人。

　　*妈妈*：你能想出一个办法，向他们表明你不是怪人吗？

　　*兰迪*：不！我必须要去看电影。

　　*妈妈*（*没有放弃*）：我知道你能想出一个办法。你喜欢做什么？

　　*兰迪*：你知道我喜欢玩曲棍球。

　　（妈妈看着儿子，带着会心的微笑。）

　　*兰迪*（*激动地*）：妈妈，我知道了。我可以教他们怎么玩曲棍球。


　　兰迪的妈妈通过问问题——"你喜欢做什么？"——引导儿子找到了解决办法。我很高兴她能克制住自己提出解决办法的冲动，尤其因为这是她第一次尝试"我能解决问题"对话。而且，她也很高兴兰迪能够思考一些问题，而不是只考虑自己那种"要与朋友们一样"的强烈需要。

　　"解释法"有效吗？让我们看看当斯科特的妈妈用"解释法"时发生了什么。

　　10 岁的斯科特从来都不想洗澡，妈妈感到快要疯了。当我问她怎样对待儿子的抵触时，她告诉我，她会对儿子说："如果你不洗澡，就没有人愿意接近你。你就不会有任何朋友。你就会生病……"当然，她越解释，斯科特就越不妥协。

　　我让她问斯科特一个简单的问题："你为什么不想洗澡？"即使起不到别的作用，至少给斯科特提供一次说话的机会。几乎可以确信，他会回答："洗澡不好玩儿。"

　　"噢，我必须得去上班，上班也不好玩儿。"妈妈开始了——但她立刻停了下来。她知道，这个回应更多地与她的怒气有关，而不是与儿子"不愿洗澡"有关，所以，她问了另外一个问题："你怎样做才会使洗澡好玩呢？"

斯科特想了一会儿，然后说："我可以假装是站在夏威夷的瀑布下面。"这个想法很好玩，而且是自己想出来的。那天，斯科特愿意洗澡了。

我们都需要认识到斯科特的妈妈做了什么——如果我们想让孩子听我们说，就必须向他们表明我们在听他们说。

毫不奇怪，孩子零乱的卧室是父母和孩子争执的一个主要问题。大多数孩子都觉得，他们的房间是自己的事情，父母无权要求他们的房间一定要是什么样子。父母们则认为，屋里属于全家人，某种最低标准是要保持的。显然，父母和孩子对于同一件事会有不同的看法。而且谁也不理解对方的观点。大多数家庭怎样处理这种情况呢？

唐娜的妈妈在走进唐娜的房间时，就冷冷地瞪唐娜一眼，唐娜就会赶快收拾房间。这使唐娜的妈妈认为自己的方法很有效。但真的有效吗？她真正达到目的了吗？唐娜保持房间干净整洁，是因为她自己想要这样，还是因为妈妈坚持要她这样？以后当她身边没有人要求她保持房间整洁时，她会怎么做呢？而且，当妈妈瞪她时，唐娜心里会有什么感受呢？

莎拉的妈妈也经常用"权威法"。她会说："收拾好你的房间对于我来说很重要。看到你的房间这么乱，我都快要疯了！"这会让莎拉比妈妈更生气，一天，她大喊道："这是我的房间，在我的房间里我想怎么样就怎么样！"

这使妈妈更加怒不可遏了，她大吼道："所有的东西都是我给你买的。如果没有我，你甚至连房间都不会有！"

但是，莎拉听不进去这些话。她根本就不想听。

尼古拉斯也喜欢房间乱糟糟的。他的妈妈试着用"解释法"

告诉尼古拉斯，如果他想成长为一个有责任心的人，现在就必须养成好习惯。

这些办法没有一个是很有效的——但是，"我能解决问题"法能帮助孩子和父母不再发生冲突。

对于父母们来说，第一步就是要认识到，不能把目标定为：父母想让孩子做什么，孩子就要做什么。如果父母想让房间整洁，孩子就无权选择是否要整理房间。然而，孩子应该可以选择如何整理。例如，莎拉的妈妈就帮助女儿想出了办法，既能尊重妈妈的感受，又能满足自己的需要。她告诉女儿："你可以决定把你的绒毛玩具放在哪儿，把袜子放在哪个抽屉里。每次可以从一件事情开始。"

即便哪天房间里只有一个角落需要收拾，因为莎拉的妈妈把事情的控制权还给了女儿，莎拉就会承担起妈妈想让她承担的责任——但是，她是以自己的方式、自己的节奏来做的。

莎拉既坚持了她的房间是她自己的个人领地的感觉，又满足了父母的愿望。最令人高兴的是，莎拉的妈妈理解了女儿的想法，而莎拉也开始理解并尊重妈妈的想法。莎拉没有那种被父母的命令、要求和威胁狂轰乱炸的感觉，而是能自由地决定怎样安排自己的房间。她感到很骄傲。

同样的原则也适用于其他家务事。每年秋天，当需要耙落叶时，尼古拉斯和爸爸都会发生争执。爸爸认为，尼古拉斯应该承担起这项家务，而且也不去帮他。结果，树叶落得到处都是，以至于尼古拉斯感到自己没办法了，不知道从何下手。每一天，他都告诉爸爸，自己"忘了"耙树叶。然后，爸爸就对他禁足——有时甚至长达一个星期。你完全可以想象得到，当尼古拉斯看到朋友们在外面玩儿而自己却不得不待在家里时，他会有多么烦恼。

最后，爸爸决定尝试一次"我能解决问题"对话：

*爸爸*：你怎样才能记住耙树叶呢？

*尼古拉斯*：我可以写张字条。

*爸爸*：想得好。让我们看看你能想到多少个主意。

*尼古拉斯*：我可以把耙子放到车库门口，这样，一回到家我就能看到。晚上上床睡觉时，我可以说十遍"耙树叶"，这样，第二天早上我就能记住了。

显然，尼古拉斯不是想不出办法，而是在他感到自己被贬低时，不去想办法。"我能解决问题"对话给了他一个感到自己很有办法的机会，而不是觉得受到了羞辱。

许多父母都跟我说过责任感之类的问题。一位 8 岁孩子的妈妈，给我讲了她如何处理孩子拒绝帮她收拾餐具的情况，那是在运用"我能解决问题"方法之前：

*妈妈*：查尔斯，你没有帮我收拾餐具。

*查尔斯*：我有太多的家庭作业要做。

*妈妈*：你总要为家里做些事情。我感到很伤心，你不帮忙分担家务事。

*查尔斯*：那好吧。

因为妈妈用了"解释法"，所以查尔斯知道妈妈的感受。但是，查尔斯的妈妈达到了什么目的呢？她知道查尔斯在想什么吗？

接下来的一次，查尔斯的妈妈尝试了一个不同的方法。

*妈妈*：你有什么心事吗？今天晚上你没有帮忙收拾餐具。

*查尔斯*：我有太多的家庭作业要做。

*妈妈*：噢，我们有个问题了，该怎么解决呢？

*查尔斯*：我可以和鲍比轮流做。

*妈妈*：这是一个办法。你怎么才能知道他是否同意呢？

*查尔斯*：我可以问他。

*妈妈*：如果他说"不"，你还能怎么办？

*查尔斯*：我可以少看会儿电视。

*妈妈*：想得好。你知道自己该怎么做了。

妈妈没有强求、大吼大叫或者贬低，查尔斯很快就自己解决了问题。

放学后不按时回家，是从孩子大约 10 岁开始经常出现的一个问题，尽管更小一点的孩子也有这个问题。一位参加"我能解决问题"培训的妈妈，如果 12 岁的儿子没有按时回家，她便会惊慌失措，这样的事情已经发生过不止一次。在参加培训之前，她是这样和儿子谈的。

*妈妈*：你去哪儿了？已经四点半了！

*孩子*：我忘了时间了。

*妈妈*：你不知道我们担心得要命吗！

*孩子*：对不起。

*妈妈*：不要再这样了，否则你真的要遇到麻烦了！

这位妈妈的担心和恼怒是可以理解的。然而，当再一次出现这种情况时，她尝试了"解决问题法"，主要谈感受和解决问题的办法。

*妈妈*：这么晚了，我们不知道你在哪儿，你觉得我们会有什么感受？

*孩子*：担心，也许还生气。

*妈妈*：你怎么做才能让我们不担心，并且知道你在哪儿呢？

*孩子*：我可以给你打电话。但是，我害怕你会让我马上就回家。

*妈妈*：我可能会那么说。你认为为什么当你放学后想在外面多待一会儿时，我想让你给我打电话呢？

*孩子*：这样你就不会担心了。

这个孩子在帮助下能够从妈妈的角度看问题了。

当孩子们自己思考日常冲突的解决办法时，他们会开始感到自己的力量，而不是感到被压制。

# 小　结

·出现冲突是正常的。通过解决冲突，孩子们学会了在人际交往中与人协商。要把冲突看做是一次学习的机会，而不是被迅速处理并忘却的烦恼。

·在你的孩子提出第一个解决办法之后，不论是什么办法，你都要认可。重要的是，要保持孩子思考的连贯性，使其不受阻碍。你可以通过对孩子说"这是一个办法"来达到这个目的。然后，要让孩子接着想不同的解决办法。

·记住，正是想出不止一个办法的思考过程，才有助于解决问题。此时，思考本身要比孩子想到了什么更重要。如果你想称赞孩子想出的一个具体方法，要说"想得好"，而不是"这是一个好主意"。一个"好主意"可能这次起作用，但下一次不起作用，这会让孩子不知道下一次怎么做。

· 在你的孩子能轻易地通过头脑风暴想出不同的解决办法之后，要让孩子考虑每一种解决办法可能会使别人有什么感受。

根据别人可能会有的感受来考虑解决办法，是孩子学会自己评估一个办法是好还是不好的第一种方法。在下一章，我们将看看一个孩子怎样根据接下来可能会发生的其他事情——一个行为的潜在后果——来评估自己的解决办法，包括这些后果可能会使孩子自己有什么感受。

第 *7* 章

# 接下来会发生什么？

## 学会考虑后果

我们不要告诉孩子做什么、不做什么或者为什么这样做或那样做——孩子自己能够学会思考。

正如我们在上一章所探讨的那样，想出一个问题的不同解决办法，是一项重要的技能——这是莎拉和唐娜正在学习、尼古拉斯正在提高的一项技能。所有这三个孩子，如果想要一个朋友的东西或者感到被骗或受到伤害时，都能自己想出该怎么办。即使第一次尝试失败了，他们也不会放弃或大发脾气。现在，他们已经能够想出多种办法了。

但是，这只是解决一个问题的整个过程的一部分。除了问"我还能做什么？"之外，同样重要的是问"如果我那样做，接下来可能会怎么样？"

我们已经开始了考虑自己的行为会怎样影响别人的感受——这本身就是我们行为的一个后果。但是，到目前为止，我们关注的只是别人会不会生气。现在，我们要帮助孩子们学会关注各种情感，还要学会考虑自己的行为所造成的其他可能后果。

还记得莎拉想通过吓唬，使那个女孩给她记号笔的事情吗？要是莎拉能想到"如果我吓唬她，她也会报复我"，她可能就会考虑其他办法了。如果唐娜能够认识到，操场上的同龄人会接纳她，而不是拒绝她，她可能就会更愿意问自己能否和她们一起玩儿。尼古拉斯也需要提高这个技能，因为尽管他能够想到自己的行为对别人的影响，但在一些时候，他并不总是能想到这一点。

## 学会考虑行为的后果

### 思考需要时间

到 8 岁时，孩子们就开始能够认识到，自己想到的第一个办法可能并不是最好的。为了让孩子们明白这一点，可以先进行一个叫做"第一个是什么？"的活动。向你的孩子提出一个问题，比如，"鲁迪又取笑蒂莫希了。告诉我，要很快，蒂莫希怎么说或怎么做才能使鲁迪不再取笑他？"如果孩子没有马上回答，你就说："要很快地告诉我。他的解决办法是什么？"

莎拉立即说："告诉他，'从我面前走开！'"

唐娜说："告诉老师。"

尼古拉斯想到的是："说，'住嘴！'"

不论你的孩子怎样回答，你都要说："好的。现在让我们再做一次，这次要停下来，再想一个办法。别着急，慢慢想。当你想到了办法时，就告诉我。"在你的孩子回答之后，就问他："你认为哪个主意更好——第一个还是第二个？"

在孩子回答之后，再问："你为什么会那样想？"这个练习的目的，是要帮助孩子们认识到，匆忙想到的第一个解决办法可能并不是最好的。然而，如果孩子坚持认为第一个办法毫无疑问是最好的，你还可以问他："你有没有过自己想办法解决了一个问题，但后来又想到了一个更好的办法？"如果你的孩子想起自己有过这样的事，就对他说："有时候，思考是需要时间的，而且，最先想到的办法可能不是最好的。"

## 虚构人物的行为所造成的后果

当一家人围坐在餐桌旁，或是在车里，或者任何可以聊天的地方时，都可以做这个游戏。可以这样开始，你说："还记得我们有一次说过，露丝做家庭作业时，她的弟弟总是打扰她吗？现在，我们要把游戏方式改一下。我们要想一想，如果露丝做了你说她可以做的事情，可能会发生别的什么事情。"

唐娜的妈妈说："你说露丝可以告诉弟弟自己必须学习，因为她需要取得好成绩。现在，你认为这是一个好主意还是一个不好的主意？"

"好主意。"唐娜微笑着说。

"为什么是个好主意？"妈妈问。

唐娜回答："因为那样的话，弟弟就会理解姐姐，让她做家庭作业了。"

接下来，妈妈又提醒唐娜考虑她曾经提出过的一个会使露丝的弟弟生气的办法："告诉弟弟，她现在就跟他去玩儿，然后在他走到门口的时候，她就把门关上。"然后，她问唐娜这是不是个好主意，唐娜反问道："不是好主意吗？"

"你为什么这样想？"妈妈问。

"因为这样露丝就可以做作业了。"如果唐娜的妈妈对女儿想出的解决办法加以评论的话，她可能就了解不到唐娜会这样回答了。尽管唐娜能理解别人的感受，正如我们在前面已经看到的那样，但在出现问题时——甚至在虚构的情景中——她也并不总是能够利用自己的这种理解。唐娜关注的是她自己的需要，而不是她的解决办法对别人的影响。她的妈妈以前没有意识到这一点。

带着对女儿想法的这种新的了解，唐娜的妈妈问："我知道，你知道这个主意可能会使她的弟弟生气。我们以前说过这种情况。现在，我想让你想一些新的事情。想想在露丝把弟弟关在门外后，可能会发生什么事情，而不是想弟弟可能会有什么感受。"

"她爸爸可能会打她。"唐娜回答。

"好，可能会发生这样的事。还可能会发生其他什么事？"当唐娜告诉妈妈自己不知道时，妈妈说："如果露丝说她要去玩儿，然后却关上了门，她的弟弟可能会说什么或做什么？"

"也许他会说，以后再也不和她玩儿了。"

"你认为露丝想那样吗？"

"不想。"唐娜说。

"好，你认为哪个主意好，是告诉弟弟因为她需要取得好成绩，所以必须学习，还是骗弟弟说她会去玩儿，然后关上门？"

唐娜想了一会儿，然后说："告诉弟弟她需要取得好成绩。"唐娜以前就知道在问题情景中别人会有什么感受。她现在开始知道了怎样对待那些感受，以及可能会有什么后果。

当莎拉被问到这个情景时，她以前说的是露丝"可以在做家庭作业时让弟弟玩她的电子游戏机"，这是不会让弟弟生气的一个办法，而"让她的朋友们合伙对付弟弟"是莎拉知道可能会让弟弟生气的一个办法。当莎拉的妈妈问她哪一个办法更好时，莎拉说第一个办法比第二个好，但她觉得"让她的朋友们合伙对付弟弟"很好玩儿。

然后，妈妈问她："如果她的朋友们那样做，可能会发生别的什么事情？"这个问题不仅使莎拉第一次考虑别人的感受，而且还要考虑其他后果。她回答道："弟弟可能会想再也没有人喜欢他了。"

唐娜和莎拉都被要求对自己的想法做出评价，而不是由父母说她们的主意好还是不好。在这个过程中，她们的思维可以不受拘束、任意驰骋。她们开始理解了如何将自己的需要与别人的需要结合起来，以最大限度地考虑到每个人的需要。

为了让孩子能把这个新技能运用到实际生活中去，唐娜的妈妈和莎拉的妈妈又给孩子提供了一个虚构情景来练习："詹姆斯对他的朋友卡伦非常生气，并且责备了她。接下来可能会发生什么？"

这种情景对于唐娜来说有些困难。她说："卡伦会朝詹姆斯大喊，然后藏起来。"这是唐娜试图回避冲突的一个典型表现。

莎拉很容易考虑这种情景，因为她自己就经常要忍受这种行为的后果。事实上，她曾遇到过与此完全一样的情景，然而，由于现在这个情形是虚构的，所以她能自在地说出自己的想法。她没有觉得好像是在说自己。

"他们会吵架。"莎拉说。当问到还可能会出现什么情况时，莎拉回答："詹姆斯会因为吓着了卡伦而感到抱歉。"莎拉的妈妈被女儿的回答震惊了。"他会感到抱歉……"以及"……吓着了卡伦"都是共情的回答。这表明，莎拉能同时考虑到自己的感受和别人的感受了。几秒钟之后，莎拉又完全出于自发补充说：

"我觉得责备她不是一个好主意。"

"那什么是好主意呢？"

"他们完全可以谈一谈。"莎拉说。莎拉的妈妈没再说什么，面对莎拉取得的突破，她想努力保持平静。她为女儿感到非常骄傲。

下面，是我们在上一章提到的女孩儿安德拉，对这个情景提出的一些有趣后果："卡伦告诉詹姆斯'我认为我们是朋友，但朋友之间是不会互相责备的。'"以及"卡伦可以告诉他，她再也不是他的朋友了。"但是，她也想到了两个非常共情的后果："卡伦可能会感到尴尬、羞耻或不安"，以及"詹姆斯可能会因为责备卡伦而感到难过。"

当妈妈建议尼古拉斯练习这项技能时，尼古拉斯自己提出了一个问题情景。他写了一个总是在课间休息时强行加入别人的活动中的男孩子，我把这个故事做了修改，现在用在了针对小学中高年级使用的"我能解决问题"培训中。尼古拉斯把这个故事叫做"巴克尔爱横插一脚。"下面就是这个故事：

（克雷格和迈克尔正在玩球。）

*克雷格*：巴克尔，你又强行加入我们的游戏了！

*迈克尔*：你总是插一脚，我们不喜欢那样。走开！

*巴克尔*：哈，哈。你竟然一个球都接不着。

*克雷格*：如果你坚持要插进来，我们再也不和你玩儿了。

*巴克尔*：如果你让我和你们玩儿，你就可以用我的球拍。

*克雷格*：迈克尔同意就行。

*巴克尔*（对迈克尔）：我也会让你用我的球拍玩儿。

*迈克尔*：好吧。但以后不要再横插一脚了。

尼古拉斯的父母喜欢这个故事，并且非常高兴儿子能编出来。他们问尼古拉斯，他是否想把自己的想法再向前推进一步，想想巴克尔行为的更多后果。尼古拉斯同意了。"假如，"妈妈说，"克雷格和迈克尔还是不想和巴克尔玩儿。如果巴克尔坚持要插进来，可能会发生什么别的事情？"

这个问题有些难度，尼古拉斯不得不好好想想。最后，他想起了自己给故事起的名字，笑了起来。

*尼古拉斯*：孩子们会取笑他，还会唱，"巴克尔爱横插一脚，巴克尔爱横插一脚。"

*妈妈*：还有吗？

*尼古拉斯*：他们可能会编造一些关于巴克尔的事情，并告诉老师。

*妈妈*：所以，横插一脚好还是不好？

*尼古拉斯*：不好。

这三个孩子都取得了很大的进步。但是，在涉及到自己时，他们能同样清楚地考虑行为的后果吗？而且，他们的父母能帮助孩子根据这些后果把他们的想法和行为联系起来吗？我了解到，在父母们能够真正理解帮助孩子考虑潜在后果的好处之前，必须先看看父母们重视的是什么。

## 和父母们谈谈后果

正如我在上一章所提到的那样，那些想让孩子打扫自己房间的父母经常运用"权威法"，因为这个办法"管用"。当我让他们进一步解释时，他们说："因为接下来的一周房间就会很干净。"或"他知道房间零乱有什么后果。"

我给家长们讲了一个六年级女孩的故事，她喜欢偷同学的日用品，父母和老师告诉她必须停止这种行为，否则她会遇到大麻烦。她确实不偷了，因为她不想"被抓住"。她的父母和老师非常高兴。但我却高兴不起来。

当然，不偷总比偷好。但是，我提醒父母们，那个女孩的老师和父母只注意到了女孩问题的一半。确实，她可以不再偷，但她不再偷的原因——她就不会被抓住了——表明这个女孩完全缺乏共情。她根本不关心被偷的人。而且，我不得不认为，如果她能够想出不被抓住的办法，她很可能会继续偷。

有一次，我在一个火车站的快餐店里买汉堡，在我转身去拿调味酱的瞬间，竟稀里糊涂地把钱包落在了柜台上。不用说，当我转回身时，我的钱包已经不见了。这个小偷考虑我了吗？他曾停下哪怕一秒钟，考虑一下我的感受，想想我怎样回家吗？没有，因为他考虑的只是他想要什么，也许还有怎样才能既拿到钱包又不被抓住。

能够阻止我们伤害他人——无论是情感上还是身体上——的惟一持久动机，就是我们不想伤害他们。这种感觉必须发自于我们的内心深处。那些缺乏这种情感的人，那些不能想到自己给别人带来的痛苦的人，只要他们认为自己能幸运地不被抓住，就没有什么能够阻止他们。

也就是说，那些强调"会有什么结果"的方法——无论是用于使一个孩子停止偷窃，还是让一个孩子打扫房间——都是短视的。这种方法只能在此时此地起作用，在将来就不会有效。我们希望孩子们能够做出后果明确的决定——不只是对此时此刻，而且是对以后的每一天、每个星期和每一年。

当孩子们能够依照接下来可能会发生什么事情来考虑问题的解决办法，并将自己和别人的感受都考虑在内时，他们就会感觉到自己的力量。他们会觉得非常骄傲，因为那些想法是发自他们内心的，是他们自己的想法。而且，与那些由我们要求、解释甚至建议的办法相比，孩子们也更有可能将自己的想法付诸实施。

那些习惯于用要求、解释和建议的父母，怎样才能转而使用"解决问题法"呢？只要记住很简单的一句话，你就会发现让你的孩子自己思考会很容易：把陈述句变成问句。

## 在现实生活中

### 孩子们之间的问题

就像我们看到的那样，莎拉已经能够在虚构的情景中想出解决问题的办法，并考虑到后果。然而，她还需要时间，才能在出现实际问题时运用这些技巧。但是，在将"我能解决问题"法用于实际生活时，有困难的不只是孩子。有些父母，尤其是那些刚开始学习"解决问题法"的父母，也往往会在情绪激动时，尤其是在生气的时候采用其他方法。

下面是莎拉在学校表现不好的一天所发生的情况。

爸爸：莎拉，你的老师说你又欺负同学，而且扰乱课堂了。如果再这样下去，你会学不到任何东西，交不到任何朋友！

133

　　*莎拉*：我不在乎！

　　*爸爸*：你都这么大了，应该懂事了。如果你再欺负同学，我将不得不对你禁足，直到你在乎为止。

　　后来，当我和莎拉的爸爸说起这件事时，他因为自己忘了用"解决问题法"而很不安。但是，就像我们教育孩子不要很快就放弃一样，我告诉莎拉的爸爸不要绝望。对于父母们来说，学习新的行为——例如，如何用"我能解决问题"对话和孩子交谈——就像孩子们学习改变自己的行为方式一样困难。莎拉的爸爸只是需要再多一点耐心，不论是对他自己还是对他的女儿都是如此。在我们回顾了"解决问题法"之后，莎拉的爸爸又试了一次：

　　*爸爸*（没有用威胁的语调）：你为什么一定要欺负其他孩子呢？

　　*莎拉*：我不知道。

　　*爸爸*：如果你好好想一想，我知道你能想出一个原因。

　　*莎拉*：爸爸，没有人喜欢我。

　　*爸爸*：欺负别的孩子会让他们喜欢你吗？

　　*莎拉*：我想不会。

　　*爸爸*：当你欺负他们的时候，会发生什么事情？

　　*莎拉*：他们会告诉老师，我会遇到麻烦。

　　*爸爸*：还有呢？

　　*莎拉*：他们都不理我了。

　　*爸爸*：你对此有什么感受？

　　*莎拉*：伤心。

　　*爸爸*：那么，当你欺负他们的时候，你认为他们会有什么

感受？

　　*莎拉*：害怕，感觉受到了伤害。

　　*爸爸*：当他们感到害怕、感觉受到了伤害时，你有什么感受？

　　*莎拉*：伤心。

　　*爸爸*：你怎么做才能让他们不感到害怕或受到伤害，而且你也不感到伤心呢？

　　*莎拉*：跟他们做朋友。

　　当让莎拉考虑欺负同学的后果时，她首先想到的是自己会遇到麻烦——这是外在后果。在父亲的引导下，莎拉开始明白，行为也会带来"内部"后果，这反映的是，如果她伤害了别人，自己可能会有的感受。一个因为不想伤害别人而不再打人的孩子，与一个经历了过后即忘式惩罚的孩子相比，再打人的可能性就比较小。

　　正如我在第3章所描述的那样，这就是为什么孩子们在能关心别人的感受之前，要先关心自己的感受之所以如此重要的原因。现在，由于"我能解决问题"法，莎拉正在开始这样做。我在工作中曾经跟一个女孩打过交道，在她的父母开始在家里使用"我能解决问题"法之前，她经常欺负别的孩子。在学习了"解决问题法"之后，她跟妈妈说，她之所以不再欺负别的孩子，不是因为自己会被停课或禁足，而是因为"我感到难受。那样做只是在向朋友们炫耀"。

　　有一天，尼古拉斯认为雷蒙德在学校偷了他的铅笔，这提供了一个练习考虑后果的技能的机会。

　　*妈妈*：你为什么那样想？

　　*尼古拉斯*：因为铅笔从我的口袋里掉了出去，而他用的就是我的铅笔。

　　*妈妈*：然后怎么样了？

　　*尼古拉斯*：我告诉他，我再也不让他用我的东西了，永远！

　　*妈妈*：雷蒙德说了什么？

　　*尼古拉斯*：他什么也没说。

　　*妈妈*：你和雷蒙德还是朋友吗？

　　*尼古拉斯*：再也不是了。

　　*妈妈*：这是你希望的吗？

　　*尼古拉斯*：我想不是。

　　*妈妈*：如果你那样和雷蒙德说话，还可能会发生什么事？

　　*尼古拉斯*：他以后也不会让我用他的东西了。

　　*妈妈*：那你会有什么感受？

　　*尼古拉斯*：伤心。

　　*妈妈*：当你看到雷蒙德用你的铅笔时，你可以对他说什么？

　　*尼古拉斯*：那是我的铅笔，我要用。

　　第二天，尼古拉斯为向雷蒙德大喊大叫而道了歉。他从中了解到了一些事情，如果他责备雷蒙德偷他的铅笔的话，就不可能了解到这些情况：他了解到，雷蒙德不知道那支铅笔是尼古拉斯的，也不认为是自己偷。尼古拉斯认识到，如果不先和雷蒙德谈谈，不听听他的说法，自己就会为此而失去一个好朋友。

　　唐娜仍然喜欢用日记来记录发生的事情。为了帮助她，我建议她妈妈作一张表——在学校，当老师做"我能解决问题"（简称为 ICPS）游戏时，孩子们都喜欢填这种表。我们把这张表叫做"今天我解决问题了吗？"，如本章末尾所示。你可以为你的孩子制作一张，并复印到彩色纸上。例如，唐娜喜欢把这种表叫做

"黄色表格"。

唐娜喜欢填"黄色表格",并将其做为日记的一部分。有时候,她在学校里会注意到两个或几个同学之间出现的问题,并且在日记里记下自己认为她们可能会有什么感受,以及能做什么来解决这个问题。尽管她并不总是能想出表中所要求的五种解决办法,但是,这不仅使她更加理解别人,而且能使她思考如果自己遇到了问题该怎么办。

有一天,她觉得需要帮助陷于苦恼之中的同学温迪,她因为长得胖而被同学嘲笑。她让那个嘲笑温迪的同学别再这样做,因为"温迪对自己的胖也没办法,而且你那样对别人,别人会感到难受"。那个嘲笑温迪的女孩子听到唐娜这么说,感到非常震惊,她不但不再嘲笑温迪,而且,这三个女孩子没有多久就成了最要好的朋友。唐娜对此感到非常兴奋。

唐娜非常喜欢填"黄色表格",以至于我把这些表给我在工作中接触到的所有家长都看了,包括莎拉的父母和尼古拉斯的父母。

就在莎拉开始填这些表之后不久,学校里的一个男孩因为她在一次考试中成绩不好而说她"笨"。起初,莎拉对他大发了一顿脾气,但她随后又做了另外一件事。她在自己的黄色表格上写到,自己感到很生气,而他可能感到"沾沾自喜"。她还写到,她也回击了他,骂他笨,而且她可能让他有了麻烦,因为她告诉老师他作弊。但是,她还认识到,这些办法都不会赢得那个男孩子。在想了很长时间之后,她写到:"我本来可以告诉他,'如果你考试分数低,我不会对你那么说。'"然后,她非常激动,在那张表上写了一首诗:

史蒂文今天让我很烦恼。

　　我吓唬了他，现在他一团糟。

　　现在我为我所做的感到抱歉。

　　我忘了我的 ICPS 技巧。


　　8 岁的谢丽尔因为胖而受到同学嘲笑，她只想狠狠地踢那个使她痛苦的人。但是，她想起了自己学过"我能解决问题"法，于是，她平静地对那个女孩子说："我的体质和你不一样。"

　　8～12 岁的孩子还经常会和朋友发生冲突。两个好朋友之间经常会由于第三方而出现问题。西尔维和弗朗丝都是 12 岁，两人正在筹划一个晚会。西尔维想邀请自己的朋友安妮参加，但弗朗丝不想让安妮来。弗朗丝解释说，她和安妮无法相处，如果安妮在，她会感到不舒服。弗朗丝的妈妈和女儿谈起了这件事。


　　*妈妈*：你认为那个女孩被排除在外会有什么感受？

　　*弗朗丝*：伤心。

　　*妈妈*：如果你因为这件事而让西尔维为难，你认为她会有什么感受？

　　*弗朗丝*：生气。

　　*妈妈*：你为什么不和西尔维商量一下这件事，也许你们俩能一起解决这个问题。

　　（弗朗丝决定邀请西尔维到自己家里来。）

　　*弗朗丝*：如果安妮来参加晚会，我真的会感觉不舒服，因为我和她无法相处。

　　*西尔维*：难道你不能离她远点儿吗？

　　*弗朗丝*：这很难。这只是个小型晚会。

　　*西尔维*：那么，这是我的家，安妮是我的朋友，我不想失去她。

西尔维的这番话让弗朗丝很为难。她意识到，如果坚持不让安妮来，她就可能会失去西尔维的友谊。

弗朗丝：好吧。我尽量离她远点儿。

弗朗丝学到了很重要的一课。她认识到，她必须要考虑西尔维的感受，而不能只考虑自己的感受。因为她不想失去自己的朋友，就要把安妮来参加晚会这件事放到次要的位置。

考虑一个解决办法所带来的后果，与只考虑解决办法相比，向前迈进了一步。但是，孩子们一定不能到此为止。对于弗朗丝来说，想到要坚持不让另一个女孩来参加晚会，就可能会失去西尔维的友谊，是向解决问题迈出了第一步。但是，只屈从于西尔维的愿望，将无助于弗朗丝的感觉也好起来。只有当她能想出一个令人满意的办法时，问题才会得到解决。

## 兄弟姐妹之间的问题

在尼古拉斯看来，妹妹塔拉开始变得更加令人讨厌了。尽管她不再像以前那样，非要和尼古拉斯以及他的朋友一起玩不可，但她还是想用他的东西。如果尼古拉斯在生日时得到了一个飞机模型，妹妹就想玩儿。尼古拉斯并不是太介意妹妹玩他的东西，但塔拉似乎根本不想要她自己的东西，而只想要哥哥的东西。尽管父母向尼古拉斯解释这只是很快就会过去的一个阶段，但尼古拉斯还是感到生气。有一天，塔拉骑走了尼古拉斯的自行车（尽管塔拉自己也有一辆），我建议尼古拉斯的父母想想如何运用"解决问题法"来处理这种情况。在塔拉不在的时候，父母和尼古拉斯谈了一次。

　　*妈妈*：你能想想塔拉为什么要骑你的自行车吗？

　　*尼古拉斯*：她告诉我，她希望自己是个男孩子。

　　*爸爸*：噢，你没有告诉过我这些。

　　*尼古拉斯*：我认为那种想法很傻。

　　*爸爸*：那你是怎么做的？

　　*尼古拉斯*：我只是告诉她，以后别再那样做了。

　　*爸爸*：你认为当你那样说时，她会有什么感受？

　　*尼古拉斯*：伤心，但是我都快疯了。

　　*妈妈*：我理解，你认为你的东西就是你的。你能想一个既不会让她感到伤心，而你自己也感到愉快的办法来解决这个问题吗？

　　*尼古拉斯*：我想，我可以告诉她，当她想借我的东西时要先问问我，由我来决定是不是给她。

　　*妈妈*：那么，然后会怎么样呢？

　　*尼古拉斯*：她可能会不问我，我就会更加生气。

　　*妈妈*：可能会这样。你能想一个办法和她谈谈，以便不出现那种情况吗？

　　*尼古拉斯*：我可以告诉她，如果她问了我，我可能会让她用我的东西，然后在我想要回来的时候，我会告诉她。

　　正如我在第 5 章讨论过的那样，理解人们行为的原因，可能会为找到解决问题的新办法打开大门。在这个例子中，父母帮助尼古拉斯理解了塔拉的潜在动机，而不再只想她令人讨厌的行为。确实，当尼古拉斯让塔拉更容易得到他的东西时，塔拉感到不必再像过去那样去烦哥哥了。

如果你的女儿有一个哥哥,你在家里也可能会遇到类似的问题。对于一个小女孩来说,希望像哥哥那样,甚至把哥哥作为偶像,是很正常的。你越是想忽略女儿的感受,或者要求她和自己的朋友、自己的东西玩儿,她的需求就越强烈。对于大多数女孩子来说,这是一个很快就会过去的阶段。但是,你可以在这个过程中,通过对孩子使用"解决问题法"来缓解家里的紧张气氛。

## 父母和孩子之间的问题

当孩子和父母之间出现问题时,考虑后果也是很重要的。还记得我们在第 6 章提到的,当尼古拉斯忘了耙树叶时,他和父亲之间出现的问题吗?在那次讨论时,尼古拉斯提出了有助于自己记住要做的家务活的一些办法,那次讨论也使他们不再生气、沮丧。当再次出现这个问题时,父亲和尼古拉斯进行了一次重要的交谈。

尼古拉斯的父亲从谈感受开始了。

*爸爸*:当你忘了耙树叶时,你认为我会有什么感受?

*尼古拉斯*:生气。

*爸爸*:我们谈过人们还会有其他感受。你认为我对此可能还会有什么其他感受?

*尼古拉斯*:也许是失望、沮丧?

"解决问题法"最显著的特点之一就是,不仅我们会理解孩子的感受,而且我们能更好地理解我们自己的感受。当尼古拉斯回答"失望、沮丧"时,爸爸思考了一会儿,认识到自己的感受不止这些。他意识到自己还感到痛苦,并且感到正在对儿子失去信任——这是儿子想象不到的一个后果。尼古拉斯的父亲让儿子了解这些感受，是至关重要的。他决定把"解决问题法"和"解释法"结合起来。

*爸爸*：是的，我确实感到失望和沮丧。我还感到痛心。我觉得，当我让你做一件事情的时候，好像不能依靠你。

*尼古拉斯*：我没有想到会这样。我确实忘了。我要试试我想到的那些办法，并且我真的要想办法记住。

有时候，解决眼前的问题取决于让孩子理解你的感受。因为孩子没有办法知道你的想法，你就需要向孩子解释。然而，同样重要的是，你要把解释作为解决问题的起点。

这次交谈对于父亲和尼古拉斯来说同样重要——两个人相互了解了对方的感受。尼古拉斯现在有了一个新的理由按照自己的办法（第6章中提出的那些）来解决问题。他确实不想再让爸爸失望了。

尼古拉斯的爸爸告诉我，他是第一次理解了自己的感受。"在我们进行了'我能解决问题'对话之后，"他告诉我，"这改变了我们的关系。我更信任他了，他也信任我了。这并不是说他在所有情况下都不会忘记自己的责任——他毕竟还只是个孩子。但是，当他忘记时，我也不会发脾气了。我们会谈一谈。"

最终，尼古拉斯学会了要更好地负起耙树叶的责任，莎拉知道了要打扫她的房间，查尔斯知道了要帮助收拾餐具。这些都是极好的例子，说明"解决问题法"并不意味着让孩子们想做什么就做什么，而是用赋予每个人权利的方式，来帮助孩子成为家庭中负责任的一员。

这种方法能帮助一位10岁女孩的妈妈吗？她的女儿偷走了她

钱包里所有的钱。这位妈妈想说"你偷了我的钱！难道你现在还不知道对错吗？要对你禁足一个月！"之类的话，但是，在熟练掌握了"我能解决问题"法之后，她采用了一种非常不同的方法。

*妈妈*（没有用威胁的语调）：如果你需要钱，你为什么不向我要呢？

*孩子*：我知道你不会给我，而我确实需要钱。

*妈妈*：你为什么需要钱？

*孩子*：我需要钱给我的朋友买一个礼物。

*妈妈*：如果你把我的钱都拿走了，你想会发生什么事情？

*孩子*：你会对我禁足。

*妈妈*：我可能会那样做。你认为这对我会怎么样？

*孩子*：噢，你可能在需要钱时却没有钱了。

*妈妈*：你现在认为我会有什么感受？

*孩子*：伤心。

*妈妈*：你认为我可能还会有什么感受？

*孩子*：失望。

*妈妈*：那么，你现在有什么感受？

*孩子*：我感到抱歉，妈妈。我再也不那样做了。

*妈妈*：你下一次需要更多的钱时，会怎么做？

*孩子*：我会向你要。

*妈妈*：那么，在你知道自己将需要更多钱时，你该怎么利用自己的零花钱，以便在需要时有足够的钱呢？

*孩子*：把零花钱攒起来。

尽管这位母亲确实让孩子把零花钱攒起来还她——这是一个

143

很现实而合理的要求——但是，这个对话达到了多重目的。在妈妈的帮助下，这个女孩儿考虑了可能会产生的后果，而不局限于"禁足"——这个后果无论怎样令人感到不愉快，但仍然是个外部后果，是强加给她的。相反，谈话使得这个女孩儿有机会思考她的行为会怎样影响他人（"你可能在需要钱却没有钱了"），以及她的行为会怎样影响她自己的感受。

如果父母想阻止这个女孩儿再偷钱，他们就必须培养这种发自内心的共情。这次谈话不仅使她学会了辨别是非，而且将会对她产生长远的影响。这会比害怕被抓住并受到惩罚产生长久得多的作用。现在，这个女孩儿不想让别人痛心了。而且，她还将能够考虑怎样采取别的方式来满足自己的需要，而又不伤害别人。

当孩子做出违背父母意愿的事情时，父母也会非常生气。例如，卡拉的妈妈认为，自己 11 岁的女儿梳怪异的发型是在故意挑衅和不尊重父母。妈妈想要运用自己的权威，说："我不会让你看上去是这个样子!"但是，女儿根本不理这一套。她很怕女儿下一次会浑身打满眼儿回家。她这才决定用一种不同的方式和卡拉谈谈。


*妈妈*：我不喜欢自己 11 岁的女儿看上去像 15 岁。你为什么非要把头发梳成这个样子？

*卡拉*：因为我的朋友都这么梳。

*妈妈*：我想和你一起决定你怎么打扮。要不然的话，我会感觉自己被排除在你的生活之外了。

*卡拉*：我俩能一起决定我怎么打扮吗？

*妈妈*：你什么意思？

*卡拉*：有几天我会把头发梳得高高的，再有几天我就不那样梳了。

*妈妈：听上去有道理。我们试试吧。*

像尼古拉斯的父亲一样，卡拉的妈妈把"解释法"和"解决问题法"结合了起来；也就是说，她向卡拉解释了自己为什么会有那样的感受。这使卡拉能够提出一个双方都能接受的解决办法。而且，当妈妈没有否定她的办法时，卡拉感到了妈妈尊重她。我问卡拉的妈妈，当她和女儿以这种方式谈话时，她有什么感受，她看上去很高兴，说："这是我第一次感到卡拉听我说话了。而且，我们解决了一个经常争吵的问题。我真希望我们早就这么谈。"

对于卡拉这个年龄的孩子来说，出现奇装异服或奇特发型的问题并非是不寻常的，如果能迅速而平和地处理，一般就会很快过去。最好的办法或许是让孩子在合理的范围内试验一下，在需要时可以用"解决问题法"，然后，要相信孩子。

## 老师和孩子之间的问题

孩子们经常无法解决和老师之间发生的问题，因为他们害怕因此而产生的后果。毕竟，老师有很大权威，而孩子们很清楚自己缺乏力量。

正当唐娜学习在同龄人中要更加自信的时候，她和老师之间出现了一个问题。这是唐娜第一次遇到这种情况，结果，她的妈妈没有反应过来要用"我能解决问题"对话。

*唐娜：妈妈，老师说我作弊。*
*妈妈：你作弊了吗?*
*唐娜：没有。我发誓没有。*

*妈妈*：那么，你应该去告诉老师。
*唐娜*：我不能。她会说我不该跟她顶嘴。

至少，在唐娜说她不能告诉老师之前，妈妈是在试图指导唐娜去告诉老师，而不是她自己去告诉老师。但是，她还是建议了唐娜应该怎么做，因而还是在替唐娜思考。

我和她谈了在这种情况下应该怎样用"我能解决问题"法。然后，唐娜的妈妈开始了下面这样的对话：

*妈妈*：你现在能做什么？
*唐娜*：我不能告诉老师。她会认为我跟她顶嘴。
*妈妈*：这是个难题。好好想一想。你还能做些什么？

唐娜想不出解决办法。这很正常。当你的孩子有时候想不出该说什么或做什么时，你总是会有说出一个建议来帮助孩子的冲动。除非你的孩子可能会受到伤害或陷入危险的境地，否则，你必须耐心些，并且对孩子说："我知道你能想出办法。别着急。"一定要抑制住替孩子思考的冲动。一两天之后，她很可能会自己想出办法来。

果然，唐娜第二天就想出了一个解决办法。

*唐娜*：我可以问她，我怎样才能向她证明我没有作弊。
*妈妈*：这可能会有帮助。去试试吧。

放学后，唐娜兴高采烈地回到了家。"妈妈，"她说，"索娅夫人说，下一次考试时，她会把我安排到边上坐。我知道她会明白我没有作弊。"当你在进行这样的交谈时，要注意孩子神态和语气是多么的骄傲。回忆起这种骄傲，会帮助你在下一次出现类似情况时坚决避免透露你的想法，并且让孩子自己想出摆脱困境的办法。

莎拉遇到了另外一个问题。她认为老师对她不公平，因为老师从来没有让她做过给校医和办公室送信的通讯员。现在，她的妈妈对"我能解决问题"对话已经很满意了，就像下面这样开始了与莎拉的交谈。

妈妈：你知道为什么没有选你做通讯员吗？

莎拉：不知道，反正不公平。

妈妈：老师上一次派你送信的时候发生了什么事？

莎拉：我想我在大厅磨蹭了一会儿。

妈妈：你认为老师对此会有什么感受？

莎拉：生气。

妈妈：老师可能还会怎么想？

莎拉：我不知道。

妈妈：如果老师需要送一个信息，如果派你去，她认为可能会发生什么情况呢？

莎拉：可能会送不到。

妈妈：现在，你可以对老师说什么？

莎拉：你可以相信我。请再给我一次机会。

妈妈：想得好。去试一试吧。

莎拉试了这个方法，但是老师还没有打算给她这么多责任。妈妈继续了这个对话。

妈妈：我很高兴你试了。再想一想你还能说什么或做什么。

*莎拉*：下一次她让我做事情时，我会毫无怨言地去做。

这个问题并没有这么容易得到解决，因为莎拉需要时间获得老师的信任。但是，被老师选做通讯员对于莎拉来说很重要，而且就像她后来说的那样，她非常努力地把事情做好，就是为了"让老师感到骄傲"。当她最终被选中时，她确保了自己表现得很负责任。这是莎拉在培养社会能力和高情商的道路上迈出的又一步。

有一天，尼古拉斯心情烦躁地回到了家里，因为他在课堂上嚼口香糖受到了老师的大声斥责。如果所有的成年人（包括老师）都能和孩子对话是最理想的，尼古拉斯的妈妈告诉他："不是每个人都能用'我能解决问题'法对话。即使对那些不用这种办法的人，你也要用自己的'我能解决问题'技能。"

*妈妈*：你想想，老师为什么会有这样一个规定？

*尼古拉斯*：因为嚼口香糖让老师很烦。

*妈妈*：这可能是一个原因。你还能再想出一个吗？

*尼古拉斯*：那样，老师就不得不允许每个同学在课堂上嚼口香糖了。

*妈妈*：如果大家同时嚼口香糖，听起来会是什么样子？

*尼古拉斯*：噢，我明白了。

*妈妈*：那么，允许你在课堂上嚼口香糖而不允许别的同学这样做，这公平吗？

这个简短的对话帮助尼古拉斯认识到，老师的这个规定是有理由的，并使他理解了允许在课堂上嚼口香糖的后果。

唐娜刚刚找到的自信，以及莎拉正在形成的解决问题技能，可能看起来好像很突然。但并非如此。到目前为止，这两个女孩儿用了四个月的时间来练习我描述的"我能解决问题"技能。但是，她们还有一项解决问题的技能需要学习——如何做计划，并理解有时候达到目标是需要时间的。

# 小　结

· 可以通过以下方式帮助你的孩子培养共情：

1. 鼓励孩子的思考超越那些很快就会过去的"外部"后果，比如被禁足或被扣除一周的零用钱。

2. 引导孩子思考自己的言行对别人的身体（"我伤害他了"）或情感（"我伤害了他的感情"）有怎样的影响。

3. 问孩子，如果在身体上或情感上伤害了一个人，他自己内心有什么感受。

· 要帮助你的孩子考虑自己和别人的感受，还要考虑自己言行可能造成的后果，既包括积极的后果，也包括消极的后果。

· 让你的孩子自己根据可能的后果，来判断他的主意是好还是不好。如果他的主意不好，就让他再想出不同的办法来解决问题。

· 当你通过把陈述句变为问句的方式，让孩子们解决他们自己的问题时，你就是在向孩子们传递一个重要的信息：我相信你会做出好的决定，我尊重你对事情的看法和感受。

# 今天我解决问题了吗？

问题：_____。

与谁有关？_____和_____。

在问题得到解决之前，我感到_____和_____。

其他人可能会觉得_____和_____。

我的解决办法是：_____

_____。

接下来发生的事情（后果）是：_____。

问题解决了吗？_____。

如果问题还没有得到解决，我可以做或说的五件事是：

1. _____

2. _____

3. _____

4. _____

5. _____

在这些解决办法中，哪一个可能是最好的？

为什么那个解决办法可能是最好的？

下次再出现问题时，我可能会想到的解决办法有：_____

_____

第 *8* 章

# 我的计划是什么？

能够控制自己生活的孩子，是不会被生活控制的。

人和人之间出现的问题，很多都可以用单一步骤的办法来解决。如果一个孩子无法按照说明书自己制作帆船模型，她可以"让别人帮忙"；如果这样没效果，她还可以尝试一种新的方法，比如"解释她为什么需要帮助"。一个想交新朋友的孩子，可能会想出很多单一步骤的解决办法，例如"去拜访隔壁的那个男孩子"，或者"举办一个聚会"，或者"在学校和他们相遇。"在第6章，莎拉意识到，向乔安妮要魔幻记号笔比恐吓她会更好，因为恐吓会造成令人痛苦的后果。

但是，有时候，解决人和人之间的问题就没有这么简单了。这时候，需要一种更加复杂的技能，叫做手段-目标思考，或分步计划。大约在 8 岁的时候，那些解决问题能力强的孩子和解决问题能力不那么强的孩子，在这个技能上就会表现出明显的不同。孩子们需要把几项能力结合起来，才能制订出好的分步计划。具体来说，孩子们需要学会思考：

· 要达到目标，我能采取哪些步骤？第一步要做什么，第二步要做什么……？

· 有可能出现什么障碍，妨碍实现目标？

· 如果这个障碍是不可克服的，是否有其他可行的办法？

· 什么时候是实施计划的最佳时机？

· 完成计划需要用多长时间？

例如，为了交一个新朋友，一个善于制订分步计划的孩子，可能会运用更加复杂的思考过程，而不是只专注于思考一个孤立的单一步骤的办法。比如，9岁的劳伦在想到"我应该送给她一样东西"的时候，她想的是一连串的事情，而不是只想出一个单一步骤的办法，比如"举行一个晚会"。这件事有一个潜在的障碍——"她可能不喜欢我给她的东西。"接着，她想到了一个绕过这个障碍的办法："我可以搞清楚她喜欢什么。"然后，她又确定了做这件事的一个好时机："我要把它作为送给她的生日礼物。"

也就是说，要制订一个分步计划，需要一个孩子能够制定计划，能够意识到问题的解决并不总会一帆风顺，并且必须能够评估行动的有利时机。显然，这是一件比想出多种解决办法——只要求想出一种或几种单一步骤的办法——要求更高的事情。

# 培养制订分步计划的技能

要掌握制订分步计划的技能，需要几个步骤，但第一步就是要帮助孩子确定自己的真正目标。例如，如果目标是为当天的晚会买糖果，孩子就必须要注意及时买到糖果，而不仅仅是买到糖果。必须预见到并避免可能出现的任何障碍。如果孩子等到很晚才去买糖果，就可能在商店关门后才赶到。这样，他就不得不改变计划，到离得更远的商店去买糖果。他还能按时开始晚会吗？

因为分步计划的复杂性，在刚开始帮助你的孩子练习这项技能时，应该将整个计划分成几个独立的部分。

## 实现目标的步骤

你可以通过一个简单的例子，来帮助孩子思考实现目标的步骤。你可以说："贝琳达想种花。她必须做的第一件事是什么？"一个孩子说，她必须种下种子，妈妈问："在种下种子之前她必须要做什么？第一步是什么？"孩子回答："她必须先买种子。""好，"妈妈说，"首先，她要买种子，然后种上种子。然后呢？第三步是做什么？"要让你的孩子提出一个目标，并且让她说出第一步、第二步，等等。你还可以用这个练习让孩子往前追溯；例如，你可以问，贝琳达在买种子之前必须要做什么，以及她从哪里得到买种子的钱。

这个练习能帮助孩子预见到实现目标要包括几个步骤。

## 会遇到什么障碍

孩子们还需要认识到，即使考虑最周密的计划也会遇到意想不到的障碍。好的计划者知道怎样才能排除障碍或绕开障碍。你可以通过一些有趣的办法，来帮助孩子思考妨碍计划实现的障碍。可以通过玩"我想……，但是……"游戏，让孩子了解一些荒谬或不可能的情景。你可以说：

· 我想开车从纽约去伦敦，但是……

· 我想爬山，但是……

· 亚历山大·格雷厄姆·贝尔想告诉比尔·盖茨他是怎样发明电话的，但是……

· 我想成为第二个迈克尔·乔丹，但是……

· 当我在法国的时候，我想欣赏一部电影，但是……

· 我想和"后街男孩"乐队一起唱歌，但是……

在这些例子中，有的存在几个可能的障碍，例如，因为个子太矮，或者因为没有足够的天赋，成不了第二个迈克尔·乔丹。我没办法和"后街男孩"一起演唱，因为我有咽炎，或者因为我是个女孩子。我不能爬山，因为我没有绳子，或者因为我害怕。孩子说什么都没关系，只要是一个妨碍目标实现的合乎逻辑的障碍就可以。要让孩子自己也编一些情景。

## 行动的时机

8～12岁的孩子都喜欢玩"好时机还是不好的时机"的游戏，

来学习思考行动的恰当时机。到 8 岁时，孩子们就能开始考虑怎样把时机作为一个更大计划的一部分了，比如，怎样使一个行动的时机符合序列步骤的需要，并有助于避免潜在的障碍。劳伦所说的等朋友过生日时送给她一样喜欢的礼物，就是一个更大计划的一部分。

刚开始时，你可以给孩子举一些好玩、甚至非常荒谬的时机不恰当的例子，并夹杂一些恰当时机的例子。你可以说："告诉我，下面这些人的行动时机，是好还是不好。"

·劳丽向妹妹借毛衣——就在她打碎了妹妹最喜欢的玻璃马之后。

·乔治让爸爸和他一起练投篮——就在爸爸摔折了腿之后。

·乔莉尼问老师事情——就在老师刚刚在门口和别人谈完话之后。

·拉蒙娜让哥哥帮她做家庭作业——就在他乘降落伞从飞机上飘下来的时候。

·弗雷德告诉爸爸，他想要一个新照相机——就在他生日的前一周。

·费丝的一首诗获奖了，于是她打电话告诉朋友这件事——在凌晨四点钟。

·吉尔放下了铅笔——就在老师说考试结束的时候。

·卢克请朋友帮忙——就在他的朋友被老师吼了之后。

·米歇尔关掉了电脑——就在妈妈喊大家吃饭之后的十分钟。

·拉塞尔传球给了队友——就在教练说"开球"之后。

·玛丽昂在课堂上喊出了问题的答案——就在老师叫了别的同学之后。

要让你的孩子自己举出一些荒谬和不荒谬的例子，其中既要有机会恰当的，也要有机会不恰当的。例如，当让唐娜思考贝琳达给花园浇水的不恰当时机时，她说："在植物死了之后。"然后，她又补充说："好时机是在植物干死之前。"后来，这个游戏在实际生活中帮助了唐娜。有一次，唐娜的艺术课作业需要帮助，她就让妈妈帮忙——但当时妈妈正因为一个朋友刚刚去世而非常伤心。当妈妈没有回应时，唐娜意识到妈妈正在伤心，一直等到了妈妈情绪好转。

这个游戏还在实际生活中帮助了莎拉。看到两个朋友在玩跳棋，莎拉就想加入。如果是在以前，她会在别人正玩着的时候强行加入。现在，她抑制住了自己"我不能等"的行为方式，一直等到这两个朋友结束一盘，才问她们自己是否也能玩儿。

考虑时机并不容易。我自己有一次都落入了这个陷阱。就在前不久，我想和一个朋友打网球，我一见到她，就让她和我一起打。尽管我知道她刚刚打过一场，因为她正在从网球场往外走，但我没有真正注意到她又热又累。当她说"谢谢，我不打"时，我差一点认为她不想和我打。但是，我认识到了自己选择的时间不对，这使我避免了得出错误的结论。

## 实现目标需要多长时间？

筹划达到一个目标所需要的步骤，还要认识到我们无法总是想要什么就能立即得到。我们很难遇到一个人就说和他成为了朋友，即使是在初次会面之后与之有过接触——比如一起喝咖啡。那些在考虑事情时不冲动的孩子，那些理解事情需要时间的孩子，就不大可能冲动行事。他们的计划会考虑到实现目标需要一些时间。例如，尼古拉斯虚构了一个叫做斯图尔特的孩子，他想加入足球队。他描述了斯图尔特怎样每天留出一小时来练习,并且在三个月之内球技就熟练到了可以参加足球队的程度。这是一个好例子,说明了一个在实际生活中不会出现冲动行为的孩子所做的非冲动思考。

考虑时间和时机是很重要的能力。研究表明,那些行为冲动的孩子与不冲动的孩子相比,更可能认为事情很快就会发生。也就是说,他们对于实现一个目标所需要时间的理解,缺乏现实性。例如,莎拉在认定新衣服有助于自己在学校交朋友之后,就认为自己第二天就能把衣橱里的衣服全换成新的。也许她还认为,她所要做的就是穿上新衣服出现在学校,同学们就会对她留下深刻的印象,以至于立即就会改变对待她的方式。而唐娜也认为,只需要几天时间,一粒种子就可以长成植物。毫不奇怪的是,像唐娜和莎拉这样的孩子,极有可能一直等到最后一天,才开始作需要两个星期才能完成的学校作业,并且在发现自己无法按时完成时,还会感到很震惊。

从8岁开始,大多数孩子都能够理解要通过一系列的步骤才能达到目标,理解其间可能会出现很多障碍,并且理解提出自己的要求的时机有好时机和不好的时机。然而,孩子们一般到了10岁时,才能够现实地考虑一件事情可能需要多长时间。对于那些还不能够考虑时间对目标的实现有何影响的八九岁的孩子们来说,只需要让他们关注分步计划的其他方面。

## 综合运用

我在工作中打交道的那些父母,都以下面的故事开始帮助自己的孩子制订分步计划。他们告诉自己的孩子："今年，学校决定每个班都要有一个班长，阿德丽想让同学们选她。故事的结尾是阿德丽被选为了班长。这个故事有开头，有结尾，但没有中间过程。你来把中间过程补上。我要知道其间发生的每一件事情，就像一部电影一样。我不希望有任何缺失。要确保你的故事有达到目标所需的步骤，至少要有一个妨碍目标实现的障碍，并且要说出，你认为完成一个步骤或达到一个目标可能需要多长时间。如果有可能，要说出一个实施计划的好时机。"

强调"步骤"这个词，对莎拉学习这项新技能很有帮助。她的故事是这样的：

老师说："我们要选一个新班长。"阿德丽和宝莉特都非常想当班长。在投票时，班里有一半同学选了阿德丽，一半同学选了宝莉特。她们俩不分胜负。第一步：这两个女孩儿每人都写了一篇演讲稿。阿德丽告诉大家，如果他们选她，她会给大家做出承诺。但是，同学们不相信她。第二步：她想和蒂娜谈谈，蒂娜是班里最受欢迎的女孩子，她可以让她的朋友投票给阿德丽。但是，蒂娜生病了。第三步：所以，阿德丽又做了一次演讲，全班同学对她报以热烈的掌声，并且她说："还有一件事，如果你们有问题需要解决，我会帮助你们。"宝莉特没有竞争过她。同学们选阿德丽作了新班长。

尽管莎拉没有明确提到"障碍"这个词，但她想到了几个障碍。她在故事的一开始就说出了一个障碍——两人得票相等。莎拉计划的第一步，是让阿德丽告诉同学们她会"给大家做出承诺"。但是，她意识到这一步有一个潜在的障碍——"同学们不相信她。"于是，莎拉不得不改变计划。她的第二步，是希望最受欢迎的蒂娜能够帮她得到选票，但也遇到了一个障碍——蒂娜生病了。阿德丽通过再提出一个激励大家的承诺——提出帮助同学解决问题——绕开了这个障碍。莎拉通过不给宝莉特提供任何办法，使她出局了，阿德丽就这样被选为了班长。

因为莎拉自己没有提到时间和时机这两个因素，她妈妈又问了另一个问题："你认为阿德丽制定计划用了多长时间？"莎拉想了想，说："她花了两个小时来写演讲稿。"

对于在父母开始学习"我能解决问题"方法之前一贯倾向于冲动思考的莎拉来说，这是一个多么大的转变啊！

唐娜在这件事上遇到的困难要多一些。就像在学习"我能解决问题"方法之前那样，她关注的仍然是目标实现之后的情况：

阿德丽告诉班里的同学们应该选她当班长，因为她好，而且因为她喜欢大家。同学们选她做了班长，她非常高兴，为此，她为同学们举行了一个小型晚会。同学们玩得非常快乐，阿德丽非常开心。

为了帮助唐娜关注如何实现一个目标，我让唐娜的妈妈问她："当阿德丽决定想当班长时，她做的第一件事情是什么？"唐娜又说了一遍她告诉同学们选她，因为她好，而且因为她喜欢大家。妈妈又问："你总是那么容易得到你想要的东西吗？如果阿德丽那样说，同学们可能会说什么或做什么？"

"好的。"唐娜回答。

"他们可能会说'好的'。他们还可能会说什么？你还记得我们那个'我想……，但是……'的游戏吗？想想他们可能会说什么让她不得不改变计划的话。"

"他们可能会说'但是我们不喜欢你'。"唐娜说。

"好的。那么，下一步她怎么办才能绕开这个障碍？"

"她可以问他们为什么不喜欢她，他们可能会说因为她很丑。"唐娜说。

"然后怎么办呢？"妈妈问。

"她可以把自己打扮得漂亮些，然后他们就会喜欢她。"

"那她怎样才能使自己漂亮些呢？"

"她可以把头发梳起来。"

唐娜的妈妈此时没有问她阿德丽要多长时间才能被选为班长。她知道唐娜还没有准备好考虑这件事，此时，看到女儿对这个故事这么用心，她就感到很高兴了。

那天晚上，唐娜决定在日记里完善自己的计划。她写到了阿德丽如何攒零用钱来买新衣服，以使自己变得更漂亮。她还补充了一个新步骤——阿德丽说她会和任何一个想和她玩儿的同学一起玩儿。尽管唐娜可能还没有准备好在现实中为自己制订这样一个计划，但这个练习仍然具有非凡的意义。在为阿德丽制订计划的过程中，唐娜完全是自己在思考和筹划。

现在，我们回忆一下我在第 1 章描述的一个虚构人物的故事——安妮塔怎样才能交到朋友。莎拉当时编的故事只有一个步骤——让那群孩子玩飞盘。故事的其余部分就是他们成为朋友后所做的事情了。下面是莎拉在明白了*序列步骤*的重要性之后重新讲的故事：

安妮塔可以送给学校的同学一些小礼物，但这并没有为她赢得任何朋友。一天，她直截了当地问其中的一位同学："你们为什么不想做我的朋友？我已经为你们做了那么多的事情。"这个女孩告诉她，她知道安妮塔只是想贿赂她，其他同学也都在背后议论她。后来，有一天，安妮塔注意到有一个女孩在做家庭作业时遇到了困难，于是就提出要帮助她。一个星期后，这个女孩在考试中得了一个 A。她非常感激安妮塔，于是她们就成了好朋友。

在原先的故事里，莎拉没有考虑可能会遇到的障碍和需要的时间，而是直奔目标。现在，莎拉有了一个计划。而且，当她故事中的人物遇到第一个障碍时，她能改变自己的计划。莎拉虽然没有达到多交几个朋友的目的，但是，她制订了一个包含三种技能的分步计划。

在唐娜最初编的安妮塔的故事中，惟一一个步骤——把自己介绍给别的孩子——在一个女孩说"我不喜欢你"的时候，就遇到了障碍，但在安妮塔什么都没有做的情况下，这个女孩就像被施了魔法一般改变了主意。

像莎拉一样，唐娜新编的故事与原来也不一样了。

安妮塔去了邻居家，他们家 11 岁的女儿开了门。"你好，我叫安妮塔，我刚搬过来。你想玩儿吗？"

那个女孩说："我已经有朋友了，谢谢你！"说完就关上了门。安妮走开了，不想再交新朋友了。

第二天，她去了学校，老师把她介绍给了全班同学。大家好像都不是很在意。

有一天，在她家旁边的一条小河边，当她正打算弯腰捡东西的时候，她听到了"救命，救命！"的呼喊声。她顺着呼救声跑了过去，看到了那个说自己已经有了朋友的女孩子。她掉到了河里，但她不会游泳。于是，安妮塔跑了过去，跳到了河里，把那个女孩从河里拉了上来。这个女孩的朋友们也都在那儿，但是，因为她们吓坏了，都不知所措。安妮塔问她是否还好，那个女孩说："是的，你救了我的命。"她为自己对安妮塔的不友好而道了歉，安妮塔说："没关系。你想和我做朋友吗？"

那个女孩说："是的，当然。"这个女孩的所有朋友也都认为安妮塔是最了不起的，大家都很喜欢安妮塔了。

在这个新编的故事中，唐娜意识到了一个障碍，她在原来的故事中是让安妮塔放弃了努力，这是唐娜在现实生活中的一种典型行为。但是，在新编的故事中，她能看到和那群女孩子潜在的联系，并且能等待一个主动行动的机会。再过一段时间，这种制订分步计划的能力就会帮助唐娜实现自己的目标。

那些学习"我能解决问题"方法的孩子们，现在有了一种新的技能来处理自己生活中出现的问题。

## 在现实生活中

唐娜的妈妈把女儿刚刚获得的分步计划能力用在了虚构情景中，以帮助女儿克服在课间休息时害怕接近同学的恐惧心理。

*妈妈*：告诉我，当同学们在操场上跳绳时，你心里在想什么。

*唐娜*：我也想跳绳。

*妈妈*：那么，你怎么办？

*唐娜*：我看她们跳绳。

*妈妈*：然后呢？

*唐娜*：什么也不做，只是看着她们跳绳。

*妈妈*：你期望发生什么事情？

*唐娜*:我希望她们会让我一起跳绳。

*妈妈*:你怎么做才有可能让她们邀请你跳绳呢?

*唐娜*:我可以问她们,但是她们可能会说"不"。

(此时,唐娜说出了自己害怕遭到拒绝。)

*妈妈*:嗯。这是一个障碍。还记得我们玩过的"我想……,但是……"游戏吗?你想问她们,但是害怕她们会说不。你接下来该怎么办?你下一步要怎么做?

*唐娜*:我不知道。

*妈妈*:你喜欢做什么?

*唐娜*(还记得自己那个很有创意的人形姜汁饼):我喜欢做有趣的饼干。

*妈妈*:你怎么利用这个来解决你的问题?

*唐娜*:我可以告诉一个孩子我做饼干的事,并问她是否想和我一起做。

*妈妈*:这么做的好时机是什么时候?

*唐娜*:吃午饭的时候。这时她会感到饿。

*妈妈*:你现在已经把这件事情考虑得很好了。如果你问了那个女孩之后,她说"不",想象一下,你下一步能做什么或说什么才会和她一起做一个有趣的饼干。

*唐娜*:我可以在家里做一个饼干,拿给她看。


唐娜骄傲地按照这个办法去做了,有一个女孩子对和她一起做饼干表现出了兴趣。然而,尽管如此,唐娜在课间还是不敢接近那些跳绳的同学。妈妈再一次运用"我能解决问题"方法给了唐娜一些提示,而没有告诉她该怎么办。


*妈妈*:既然你和丽塔已经很熟悉了,而且她在课间休息时也

在跳绳，那么，你要怎么办才能和她以及其他女孩一起跳绳呢？

*唐娜*：我可以问丽塔，我可不可以和她们一起跳绳。如果她告诉她们让我跳，她们就会同意的。

*妈妈*：好，那么，你什么时候问她才是好时机呢？

*唐娜*：我们一起做有趣的饼干的时候。

*妈妈*：想得好。你正在成为一个解决问题的高手。

唐娜就是这么做的。她让丽塔去问其他女孩子，她可不可以和她们一起玩儿，这个办法使她只需要和一个女孩子接触，这就把问题变容易了。最终，她能自在地主动加入到同龄人中间了。如果这些步骤是由妈妈提出来的，而不是由唐娜自己想出来的，她可能永远都不会做这种尝试。

分步计划能力对于那些等到很晚才写家庭作业的孩子也很有效。尽管尼古拉斯是个好学生，但他通常整个下午都会和朋友们玩儿，并参加一些课外活动。因为常常是快到上床睡觉的时间了，家庭作业还没有做完，所以，尼古拉斯的父母就向他解释为什么应该早点做家庭作业，还向他建议过怎样安排时间，并且把他上网和看电视的时间限制在半小时以内。然而，问题仍然没有得到解决。尼古拉斯很善于制订分步计划，但他没有把这个能力用在做家庭作业上。这是父母帮助尼古拉斯解决家庭作业问题的一个好机会。

*妈妈*：我希望你想想如何计划好时间，才能把事情都做完，包括做家庭作业。

*尼古拉斯*：我放学后要练习曲棍球，四点钟才回到家。

*妈妈*：那么你到家后，首先要做什么事情？

*尼古拉斯*：我会先做数学作业，因为那个最难。

*妈妈*：你觉得完成数学作业要花多长时间？

*尼古拉斯*：大约四十分钟。

*妈妈*：好吧。那大概就到四点四十了。六点钟吃晚饭。然后你会做什么？

*尼古拉斯*：音乐课的作业要星期三才交。今天是星期一。我今天做一半，明天做一半。如果做到五点半，我就有半个小时的时间和爸爸练习打曲棍球了。

*妈妈*：好的，晚饭大约需要一小时。那就到了七点钟。吃完晚饭你做什么？

*尼古拉斯*：我会练习半个小时的钢琴。然后，我会看电视或和朋友上网聊天到八点半，之后做科学课的家庭作业到九点。再洗个澡，然后就上床睡觉。也许我会看几分钟侦探小说，然后就会睡着。

*妈妈*：这是个很棒的计划。你考虑得很周到。现在，还有一件事要考虑。如果在你做作业的时候，一个朋友打电话邀请你去他家，你怎么办？

*尼古拉斯*：我们可以一起做作业。或者，我可以和他玩一会儿，我可以晚一点做音乐课作业，就不看电视了。

尼古拉斯的妈妈之所以问他朋友可能会打来电话的问题，是因为她希望尼古拉斯能够考虑到潜在的障碍，但是为了不打断他的思路，她一直等到尼古拉斯完成了整个计划后才问。

你可能认为这种计划太细致、太麻烦了。实际上，过了一段时间之后，尼古拉斯就不必这么详细地计划每一天的事情了。但是，在开始时这样做，是为了减轻他在面对这么多要做的事情时的压力感。一旦制订好计划，他在做数学作业时就可以更专注，而不必担心还要做音乐作业，因为他知道已经为音乐作业留足了时间。而且，他没有想在一天之内做完全部音乐作业，而是分两天来完成。现在，尼古拉斯控制着自己的时间，而不是被时间所控制。而且，与父母之间关于何时做家庭作业的长期争执也平息了。

当有太多的事情要做时，计划好时间对我也有莫大的帮助。在我开始分步计划之前，我有时候会感到要做的事情太多，以至于不知道从何处入手，或者会从一件事到另一件事来来回回，反反复复，到最后，一天过去了，却一件事情也没有做完。现在，我不用一直想着必须要做的那些事情了，而是选好一件后面要做的事情，并且暂时把它忘掉，集中精力做手头正在做的事情。有了一天要完成的每项任务的时间表，我不必为每件事都担心了，也不会在做其他事情时感到内疚。而且，在上床睡觉时，我知道自己完成了能做的每一件事。如果没能把全部的事情都做完，我就会知道要么是计划完成的任务太多，不可能在一天之内完成，要么是必须重新修改计划，并为第二天要完成的事情重新确定优先顺序。

莎拉像尼古拉斯一样，也在尽早开始做家庭作业的事情上遇到了麻烦。她尤其在为长期作业——比如，在两周内要写一篇读书报告——制订可行的计划上有困难。在学习"我能解决问题"方法之前，爸爸给她提的应该何时开始做作业的建议，以及不做家庭作业会使成绩下降的解释，都遭到了莎拉的抵制。而妈妈说的"我告诉过你了。你什么时候才能学会不要等到最后一分钟才去做！"之类的话，则使母女俩相互较劲。在任何办法都不起作用时，她就变得越来越恼火，甚至会直接命令莎拉到某一天必须读完一本书，并且必须在三天后完成读书报告初稿。当然，这也没有用。一天，莎拉大声喊道："不要告诉我怎么做！我会用自己的办法去做的。"莎拉这个年龄已经足以能够理解时间对事情进展的影响，并且，她不喜欢别人告诉她什么时候必须完成某一件具体的事情。她感觉妈妈好像要控制她的时间安排，这只能使她更加抵触，更加不愿意接受建议。

尽管莎拉想按照自己的方式做家庭作业，但她还没有掌握制订计划的技能，所以仍然会拖延到很晚时才做作业。过去，她的父母会给她规定，例如"在完成家庭作业之前，不许上网，不许看电视。"对这些强制要求，莎拉总是说："这不公平！"然后就闷闷不乐。现在，父母准备用"解决问题法"来帮助莎拉培养分步计划的能力。这时，莎拉已经习惯了抗拒父母的话，所以刚开始时，她无法做出回应。

*妈妈*：你有多少家庭作业？

*莎拉*：不是很多。

*妈妈*：你认为要花多长时间才能做完？

*莎拉*：我不知道。

*妈妈*：让我看看老师给你们布置的作业。也许我能帮你想想办法。

*莎拉*：我在校车上已经做了一些了。

莎拉的父母没有放弃。看到女儿在其他方面发生了那么多变化，他们坚信她对制订计划的抵触也会很快消失。几个月之后，在莎拉和父母对这个方法作了更多练习之后，他们又进行了下面这样的对话：

*爸爸*：你的报告什么时候交？

*莎拉*：下个星期四。

*爸爸*：你必须要做的第一件事是什么？

*莎拉*：写报告。

*爸爸*：在写之前，你必须做什么？

*莎拉*：看书。

*爸爸*：你认为看书需要多长时间？

*莎拉*：我不知道。我会每天看一点，直到看完为止。

*爸爸*：然后你还必须要做什么？

*莎拉*：写报告。

*爸爸*：如果下个星期四必须写完报告的话，你必须从什么时候开始写？

*莎拉*：也许星期二？

*爸爸*：计划得好。你不再等到最后一刻才开始写报告了。

　　莎拉现在对自己的计划感到很骄傲，而不用再为不得不听妈妈那些贬低她的话以及爸爸的建议和解释而感到生气和沮丧了。由于这是莎拉第一次说要提前做作业，爸爸就没有提障碍和时间问题。

　　埃文，11岁，要做一个历史课的长期作业，因为家里不能上网，所以需要到图书馆去做研究。为了制定计划，他用了自己的分步计划能力，考虑到了可能会出现的障碍，以及所需要的时间（它会需要多长时间）和时机（什么时候是开始每个阶段的恰当时机）。他的计划中包括了做家庭作业和练习足球的时间，这些事情安排在星期一、星期三、星期五下午的3~5点。在老师布置这项作业的第一天，在妈妈的帮助下，他把必须要做的事情列了出来。

　　*妈妈*：你的报告什么时候交？

　　*埃文*：一周之内。

*妈妈*：你必须怎么做才能完成报告？

*埃文*：我必须看书，到图书馆做一些研究，然后写报告。

*妈妈*：好的。把你什么时候要做这些事情写到日历上。

*埃文*：星期一、星期二和星期三晚饭之后，我就看书。星期四放学后我就去图书馆。

*妈妈*：你认为从图书馆得到你需要的资料需要多长时间？

*埃文*：一两个小时。

*妈妈*：那么，星期四什么时间去图书馆，你才能按时回家吃晚饭？

*埃文*：一放学就去。

*妈妈*：那么，你哪一天开始写报告？

*埃文*：星期天晚上。

*妈妈*：你怎么才能提前计划好，以免到最后发现时间不够呢？

*埃文*（骄傲地回答）：最好留出多一点时间写报告，以防最后来不及，这样，我就不必在到期的前一天晚上熬通宵了。

*妈妈*：想得好，埃文。当你像这样自己制订计划时，你有什么感受？

*埃文*：太棒了。


这个计划比莎拉的计划要复杂得多。埃文要考虑怎样利用自己时间表上（练习足球）剩余的时间来安排计划；包括了更多的步骤，例如去图书馆；并且回答了母亲的问题——是否留出了足够的时间来完成作业。

要让莎拉不把事情留到最后一刻才去做，还有很长的路要走。她现在能够按时完成一些任务了。而且，她的妈妈也开始用"解决问题法"了——而不再说"我告诉过你了。你什么时候才能学会不要等到最后一分钟才去做！"之类的话——这更容易使莎拉学会思考。

到十一二岁时，一些孩子会被老师分配一些包括若干部分的更复杂的作业。例如，马丁，12岁，是一个受过"我能解决问题"训练的男孩，老师给他布置的作业，是让他计划一次去1998年冬季奥运会举办地日本长野的旅行。在三周之内，他必须计划好一次中途有两次停留的旅行，绘制一张把费城和长野之间的所有停留点连在一起的地图，并做出旅行预算，选择一场要观看的赛事，并报道这场比赛的情况。老师为每个阶段的截止日期提出了建议。在父亲的帮助下，马丁用自己的分步计划能力，为制定每一部分计划留出了两三天时间，这为他完成其他家庭作业和活动留出了时间。

佩吉是和马丁一个班的同学，对自己的"我能解决问题"技能非常自信，她没有按照老师的建议时间，而是自己制定了每个阶段的截至时间。这个女孩知道自己最喜欢写花样滑冰的报道，便决定先从这里开始。"我就是从写花样滑冰开始写报告的。"她解释说。

孩子们计划中的细节并不重要。有些孩子做家庭作业是从最难的开始，比如尼古拉斯；有些孩子则从自己最喜欢的开始，比如佩吉。重要的是，他们做了计划，这是他们自己的计划，并且计划是现实的，可以实现的。当你的孩子自己制订计划时，就会更多地感到是自己在控制，就不会感到压力那么大，而你也会感到压力减小了。

芭芭拉·麦考姆斯告诉我们，大多数孩子在进入青春期之前还不能完全自我指导。而我的同事乔治·斯皮瓦克发现，当孩子们能够完全自己制订复杂的分步计划时，他们就能够自我指导了。在父母的帮助下，那些学过"我能解决问题"技能的孩子在培养自我指导能力方面已经取得了重大进步，这将有助于他们为在更加骚动不安的青春期必须要做的许多决定做好准备。

## 小　结

·帮助你的孩子明确目标，以便孩子清楚自己在为什么而努力。

·帮助你的孩子制订一个分步计划，包括：

1. 要采取的第一个或前几个步骤。
2. 这一个步骤或几个步骤可能需要多长时间。
3. 实施这一步骤或几个步骤的最佳时机。
4. 有哪些障碍可能会妨碍目标的实现。
5. 如果需要，要怎样修改计划。

不论目标是与人交往（交朋友），还是完成任务（完成家庭作业），有时候，如果结果表明无法达到目标，就要改变目标。如果你的孩子制定的目标可以实施，但仍然达不到，就要帮助孩子重新找到一个更容易达到的新目标。

下面，我们来看看，那些学习过"我能解决问题"的孩子们，是如何学习把我们教给他们的技能，以一种他们和他们的父母想象不到的方式综合运用的。

第 *9* 章

# "我能解决问题"的高级技能

## 综合运用多种技能

如果消除紧张情绪能够帮助我们正确地思考，那么，正确思考的能力则能帮助我们消除紧张的情绪。

到目前为止，我们已经探讨了运用"我能解决问题"技能，改变孩子的思考方式和行为方式的方法。我们是将每一种技能分开讨论的，这是为了突出每一种技能怎样起作用，及其如何激励孩子的行动。现在，我们要把这些技能综合起来。

在这一章，我们将看到如何将"我能解决问题"的各种技能结合起来——首先是将两项技能结合起来，然后是三项——帮助孩子们解决他们所面对的问题。

# 在虚构情景中

## 关于友谊

正如我们前面讨论过的那样，交朋友对于 8 ~ 12 岁的孩子们来说尤其重要。那些能够将考虑别人的感受与分步计划能力结合在一起的孩子，与朋友通常相处得更融洽。为了鼓励孩子们把这两项技能结合起来，那些学习"我能解决问题"技能的父母们会要求自己的孩子编一个运用这两项技能交朋友的故事。

尼古拉斯编的是两个同学的故事：

保罗对罗纳德感到很生气，因为罗纳德失信了，没有把他答应借给保罗的录像带到学校来。罗纳德非常担心，因为他还想和保罗做朋友。罗纳德想和保罗好好谈谈，可是，你不知道有些人在真正生气时会做出什么事。所以，罗纳德一直等到保罗冷静了下来，才问他是否愿意到他家去看录像。保罗去了罗纳德家里，他们相互之间更加了解了对方，并成为了好朋友。

尼古拉斯理解这两个孩子的感受，并将这种感受包含在了罗纳德解决问题的计划中。罗纳德想"好好谈谈"，但预见到了一个障碍——"你不知道有些人在真正生气时会做出什么事。"所以，他推迟了自己计划的第一步——和保罗谈——一直等到一个更合适的时机。等到保罗"冷静下来"之后，罗纳德进行了第二步计划——邀请保罗去他家里，以便他们能够更加了解对方。

唐娜编了一个孩子被拒绝后又重获友谊的故事，她把这个故事骄傲地写在了日记本里：

罗克珊依依不舍地看着她最要好的朋友纳塔莉，以及纳塔莉的新朋友玛丽亚。自从纳塔莉在这学期开学遇到玛丽亚以来，她俩就一直在一起玩儿，把罗克珊完全忘记了。罗克珊很不情愿地走到纳塔莉和玛丽亚跟前，想引起她们的注意。但是，她的尝试失败了。纳塔莉和玛丽亚继续玩着藏猫猫游戏。"嘿，你们两个，"她喊道，"我可以玩儿吗?"她们没有听到她的话。她又大声喊了一次，这次声音更大。最后，两个女孩子注意到了她，允许她和她们一起玩儿了。但是，这没有用。纳塔莉只和玛丽亚互相追赶着，好像罗克珊根本就不存在一样。罗克珊叹息着走开了。

当纳塔莉最后停止玩藏猫猫的时候，她注意到罗克珊已经走了。她想起来罗克珊表现得很奇怪。好像她觉得受到了冷落。她还记得，当自己的另一个朋友找别人去玩儿的时候，她感觉受到了怎样的伤害和冷落。纳塔莉意识到，罗克珊一定也有那种感受。

当纳塔莉回到家后，她邀请玛丽亚和罗克珊过来一起吃晚饭，但并没有告诉她们另一个人也会来。她认定，当两个女孩子彼此更加熟悉后，她们会成为好朋友的。

当她的两个朋友到了她家里，看到对方时，两个人都有点吃惊，但是她们聊了很多，并且发现她们有很多共同之处。

很快，她们就像老朋友一样无话不谈了。从那以后，这三个女孩相处得很好，成了最好的朋友。

175

唐娜很有见解地把人的感受包含在了她的故事中。尽管，对于挽回老朋友的友谊或结交新朋友需要多长时间，她的认识仍然有限，但她已经掌握了"我能解决问题"的其他几项技能。通过让纳塔莉反思"她还记得，她感觉受到了怎样的伤害……"，唐娜表明自己对于共情有了新的理解。她也能制定分步计划了。

莎拉决定要详细描述她在第 8 章中所说的那个女孩竞选中学学生会主席的故事：

苏珊妮去了新学校，看到一个标语上写着："投票选卡拉·米勒当学生会主席。"她决定自己也要竞选。于是，她去了办公室，问谁负责选举。她去找了那位负责的老师，并告诉她自己也想竞选学生会主席。她得到了一张需要做的事情的清单，而且必须写一篇选举当天发表演讲要用的演讲稿，还要做标语。回到家之后，她做了五个标语，上面写着"投票给苏珊妮·托玛斯"。她把标语带到了学校，当她正在挂标语时，卡拉·米勒走到她跟前，说："你赢不了我。我是这里最受欢迎的人。"听到这样的话，苏珊妮变得不安起来，决定不竞选了。而且，她去告诉了负责选举的老师，说自己要退出。但是，老师说服了她不要放弃。

选举前的那天晚上，苏珊妮很紧张。她努力想写好演讲稿。她在学校认识的一个孩子打来电话说："祝你好运！我会投票给你的。"这给了她信心，她在演讲稿里写到，如果她当选，她希望在学校里带来变化，会听取各种建议，并确保这些建议得到认真考虑。她说，每个人的想法都会得到平等对待，她会认真听取每个人的想法。"我会为同学们而奋斗。"她补充说。

当卡拉·米勒演讲时，每个孩子都在窃窃私语、打哈欠。她告诉大家，她如何受欢迎，并说她会区别对待那些"酷孩子"和"呆孩子"。那些"呆孩子"们不喜欢这样，没有投票给她。苏珊妮赢了，每个孩子都喜欢她维护他们的利益的方式，她很快就有了很多朋友。

莎拉的故事表明，她真正理解了一个人不考虑别人的需要和想法会发生什么事情。

## 对付欺负人的行为

莎拉的妈妈看到女儿的进步非常高兴，希望莎拉能把这种能力运用到其他情形中。因为知道莎拉有时候会恐吓别的孩子，所以，她让莎拉写一个欺负人的孩子的故事，并希望这个故事能包括不止一项"我能解决问题"技能。有趣的是，莎拉编了一个伤害别人比她更严重的孩子们的故事：

11岁的安妮是一名五年级学生。放学后，当她走出学校大门时，她的五个同学出现了——她们分别是：劳伦、艾迪、卡洛琳、伊丽莎白和比尔。她们是整个五年级出名的好欺负人的孩子，她们总是打其他孩子或者取笑他们。劳伦朝安妮虚伪地笑了笑。"哎，哎，哎，是安妮。就是我们要找的人。"

安妮紧张不安地看着劳伦，但她提醒自己，如果她们要打她或者让她去打别人，她知道该怎么办。劳伦说："我们有一件事看你敢不敢做。我们想让你替我们打坎迪·史密斯一顿。"坎迪·史密斯个子矮小，骨瘦如柴，而且有点呆。虽然她不受同学欢迎，但是安妮却喜欢她。

"除非你太害怕，不敢去。"艾迪说。

安妮提醒自己，要让她们打消这个主意需要好几个步骤。她在脑海里不断想着这些步骤。她想，第一步，要礼貌而坚定地告诉她们，自己不想对别人使用暴力。"我不想打我的朋友。"安妮告诉这些孩子。她们嘲笑她，并嘲讽她多么胆小、懦弱。

第二步，她想，不要说为自己辩解的话，也不要发脾气。要礼貌地告诉她们，自己认为她们的做法是错误的，并问她们为什么想打一个从来没有惹过她们的同学。当安妮问她们这个问题时，伊丽莎白回答说："因为那很好玩儿。"

第三步，安妮想，要告诉她们，这对其他任何人来说都不好玩儿，要考虑别人的感受。安妮说："这对其他任何人来说都不好玩儿。如果有人无缘无故地打你一顿，你会有什么感受？"

"噢，安静，你个小傻瓜。你真没意思。"伊丽莎白说着走开了。"走了，各位。"

她们丢下安妮，走开了。

在这个故事里，莎拉对分步计划考虑得也非常仔细，或许这是因为她对此类事情非常熟悉。还要注意，她通过说"第一步""第二步"，以及在说话之前考虑自己要做什么，把整个过程描述了出来。她不仅能思考达到目标所需的步骤，而且每个步骤都有一个障碍。尽管她在故事里没有涉及到时间或时机，但她认识到了别人的感受，还试图理解那些欺负人的孩子的潜在动机。当她问她们为什么想打坎迪·史密斯时，莎拉让她们回答"因为好玩儿"，这可能是莎拉做了极其复杂的思考的结果。她以前或许就是这样想的。也就是说，对于一个孩子为什么想打另一个孩子，她以前会归结为一个表面化的原因。现在，她已经超越了这个层面，然而，她意识到，像伊丽莎白那样的孩子可能还像自己以前那样思考问题。也就是说，她现在看待世界的方式与其他人一样了，但并不认为每个人的想法都会和她的一样。

如果是在这个层面思考问题的，那么，她在这个故事里就综合运用了"我能解决问题"的三项技能：分步计划、理解他人的感受和从另一人的角度理解其潜在动机。

这种在计划阻止欺负人的行为时深思熟虑的思考，以及对欺负人的行为会怎样影响他人的思考，对于莎拉将怎样对待她的同学和别人会产生重要的影响。

# 在现实生活中

## 交朋友

12岁的马克来自一个接受过"我能解决问题"技能训练的家庭。由于接受过这种技能训练，他便通过将倾听和理解动机两项技能结合起来，结交了一个新朋友。马克在学校以前一直躲避着一个男孩，这个男孩表面上看起来非常坚强、乐观，但也很不友好、不好接近。有一天，马克注意到这个男孩有些闷闷不乐——一个非语言线索——就问他怎么了。

"没什么！"男孩厉声说道。

当马克正要走开时，这个男孩非常平静地说："我无法相信，我妈妈和爸爸离婚了。我已经习惯了他们俩都在我身边。现在妈妈找了一个她喜欢的人，但我不太喜欢他。"

马克自己也是个离婚家庭的孩子，现在对这个男孩为什么会表现出那么不友好的行为有了新的理解，就努力去安慰他。他告诉那个男孩要看到好的一面。"也许她最终会不喜欢他，或者也许他会对你更好，因为他现在正在努力给你留下好印象。一切都会好起来的，因为你会习惯的。"

另一个男孩克里斯托弗告诉我，他也是运用倾听和理解动机的技能了解了他的同学查尔斯。查尔斯告诉克里斯托弗，他最近发现他的妈妈以前结过婚，而且还有孩子住在另一个州。我问克里斯托弗，现在对查尔斯是否有不同的感受，克里斯托弗说："我为他感到难过，因为我知道了他为什么烦恼。"

马克对新朋友产生了共情，克里斯托弗也很同情查尔斯。在对朋友没有更多了解之前，他们都没有这种感受。他们是通过倾听和理解朋友行为的潜在动机才能做到这些的。也就是说，他们从前面的"我能解决问题"练习中还记得，事情并不总是像表面看起来那样，以及人们的行为可能有不止一个原因。而且，这种新的理解使得这些孩子更亲密了。

尼古拉斯在搞清楚同学约翰感受的过程中，也运用了"我能解决问题"的三项技能。尼古拉斯想成为约翰的朋友，但约翰经常寻衅打架。尽管尼古拉斯知道，约翰因为自己长得太胖而感到心里不好受，但他还是想和约翰做朋友。他的妈妈用"我能解决问题"对话和他谈了下一步该怎么办：

*妈妈*：既然你知道他感到心里不好受，你对他有什么感觉？

*尼古拉斯*：我为他感到难过，但那不是欺负别人的理由。

*妈妈*：你认为他需要朋友吗？

*尼古拉斯*：妈妈，我还是不知道他会怎么做。

*妈妈*：你能做什么或说什么才能弄清楚他是否还会伤害别人呢？

*尼古拉斯*：我可以告诉他，如果他想让我做他朋友的话，我会的，但前提是他不再伤害别人。

*妈妈*：那样的话，可能会发生什么事呢？

180

*尼古拉斯*：他可能会说好。但是，我会再等等，看他的行动。

*妈妈*：那需要多长时间？

*尼古拉斯*：一个星期。然后，我就会知道他说话是不是算数。

*妈妈*：想得好，尼古拉斯。你考虑得很周到。

尼古拉斯的妈妈帮助儿子想出了一个解决问题的办法，这样，尼古拉斯就明白了自己是否想把约翰当做朋友。尼古拉斯还考虑了这样做的潜在后果。因为尼古拉斯理解时间和时机的重要性——这是分步计划的一部分——他决定等一等，看看约翰的行动，他意识到这比马上与约翰成为朋友要好。这是他判断约翰的动机这一计划的一部分。非常重要的是，要注意到，尽管尼古拉斯对约翰行为的原因有了新的认识，但他并没有立即改变自己和约翰的关系。既然尼古拉斯能将自己掌握的"我能解决问题"法的几项技能结合起来，所以，在约翰和第5章描述的雷蒙德之间，他更可能与约翰成为朋友。尼古拉斯当时就想过雷蒙德为什么会是一个好欺负人的孩子（"像他的父亲一样"），但那时他并没有对此作进一步思考。

重要的是，尼古拉斯也开始理解了为什么另一个同学——扎卡里——总是吹嘘自己如何受欢迎。因为这会让他感到自己好像有很多朋友，但他实际上没有朋友。但是，尼古拉斯能够认识到，把像扎卡里这样的孩子当做朋友会更容易，因为正如他说的："吹嘘并不会对别人造成身体的伤害。"

## 终止友谊

有时候，孩子们想终止与一个朋友的友谊，却不知道该怎么办。甚至父母们也很难处理这种情况。由于不确定要给孩子什么样的建议，父母可能会这样劝孩子："要尽量对别人好一点儿。否则，你就不会有朋友了。"

8岁的道恩就遇到了这样的情况。幸运的是，她的妈妈很熟悉"我能解决问题"法，她是这样处理这一情况的：

*妈妈*：如果你现在不想和谢丽做朋友的话，也没什么关系。但是，在你真正结束你们的友谊之前，要仔细想一想你为什么想这样做。

*道恩*：我不知道。没有人喜欢她。她整天和那些坏孩子待在一起。

*妈妈*：想想你要怎样告诉她，你不想和她做朋友了。

*道恩*：我不想伤害她的感情。但她老是让我和她玩儿。

*妈妈*：你能说什么或做什么？

*道恩*：只能离她远点，什么也不说。也许她会明白我的暗示。

*妈妈*：这是一个办法。这会让她有什么感受？

*道恩*：如果她真的还想做我的朋友的话，她会很伤心。

*妈妈*：那么，这会使你有什么感受？

*道恩*：伤心。

*妈妈*：你能想到她有哪一点好处吗？

*道恩*：她有一副唱歌的好嗓子。

*妈妈*：你现在怎样才能利用这一点呢？

*道恩*：我可以告诉她，我喜欢她的好嗓子，但不喜欢她的朋友。

*妈妈*：想得好。你给了她选择想和谁做朋友的机会。

　　这个对话考虑到了两个女孩的感受，还帮助道恩想到了解决问题的多种办法。

　　当 8 岁的贝思对她的朋友艾米丽不友好时，她的父亲用了几项"我能解决问题"技能，来帮助女儿仔细考虑她的行为。

　　父亲：出什么事了？你为什么不想和朋友打招呼？

　　贝思：她取笑我。她认为我的头发很搞笑。

　　父亲：你为什么认为她是那样想的？

　　贝思：因为她认为她的头发很棒。

　　父亲：她取笑你还有其他原因吗？好好想想。

　　贝思：也许她其实不喜欢自己的头发？

　　父亲：这是一种可能。你还能想到其他原因吗？

　　贝思：也许今天她的父亲冲她大声嚷嚷了？

　　父亲：如果你知道她其实不喜欢自己的头发，或者今天她父亲对她大声嚷嚷了，你还会不和她打招呼吗？

　　贝思：那她也不应该取笑我。

　　父亲：如果你不跟她说话，你认为她有什么感受？

　　贝思：伤心。

　　父亲：如果她感到伤心，你会有什么感受？

　　贝思：伤心。

　　父亲：你能想想，怎么做才会使你们两个都不感到伤心，而且她还会继续和你说话？

　　贝思：我可以问她为什么取笑我。

　　父亲：你还能做什么？

　　贝思：也许如果我邀请她参加我的生日晚会的话，她就不会取笑我了。

183

通过让贝思思考艾米丽为什么取笑她，贝思的父亲让她考虑了艾米丽的潜在动机。当他让贝思思考她和朋友的感受时，他是在让贝思知道他很关心她的感受——而且，他希望她也关心她自己的感受。通过问"你对她感到伤心有什么感受?"，他是在帮女儿培养共情能力。而且，通过让她思考她能做什么才会使艾米丽不再取笑她，他培养了贝思寻找多种解决办法的技能。

这个"我能解决问题"对话，与他过去习惯使用的"解释法"有很大不同。在学习"我能解决问题"方法之前，他会这样说："如果你对别人不好，他们怎么能知道你喜欢他们呢? 如果她那样对你，你会很不高兴。如果你总是那样，你很快就没有朋友了。甚至不会有一个人愿意和你说话。"

非常有可能的是，贝思对这些话一个字也听不进去。幸运的是，"我能解决问题"法帮了他们俩大忙：由于贝思的父亲不再那么关心孩子在与同学交往中是否不礼貌的问题，而是更加关心女儿的感受和她的行为动机，他才能够引导女儿自己解决问题。经过一段时间之后，贝思会变得更能共情，并且在对别人得出匆忙的、很有可能是错误的结论之前，更有可能考虑自己该怎么做。

## 应对恐吓

8~12岁的孩子们普遍存在的另一个问题，就是一群孩子合伙采用吓唬或恐吓方法欺负一个孩子。例如，我们在第7章提到的弗朗丝。在一次睡衣派对上，当一群她认为是自己的朋友的女孩子开始讲午夜恐怖故事时——她们发誓是真事——她变得很生气。当她开始害怕起来，并告诉她们自己想回家时，她们开始给她讲感到害怕的人会发生什么事情的恐怖故事。一个小时之后，她们终于停了下来，睡觉了。第二天早上回到家，弗朗丝告诉妈妈："我想她们是想吓坏我。"

弗朗丝妈妈的第一个想法，是告诉女儿要离那些女孩子远一点儿，但是，她用"我能解决问题"方法帮助女儿认真考虑了这件事：

*妈妈*：那些女孩子是你的朋友吗？

*弗朗丝*：我原来以为是的。

*妈妈*：你现在怎么认为？

*弗朗丝*：我不确定。也许她们只是胡闹。

*妈妈*：你还想和她们做朋友吗？

*弗朗丝*：我不知道。

*妈妈*：她们有什么地方吸引你吗？

*弗朗丝*：她们平时都很好。

*妈妈*：你怎么说，才能让她们知道你对她们所做事情的感受？

*弗朗丝*：我可以告诉她们，我不喜欢她们做的事情。但是，我不会告诉她们我被吓坏了，否则她们会认为我是个小孩子。

这是个很好的计划，使弗朗丝有时间来确定那些女孩子是否会继续吓唬她，还是在睡衣派对上发生的事情只是一个孤立事件。

## 当父母要求孩子终止友谊时

不幸的是，总有些孩子似乎会给其他孩子带来不良影响。父母们通常会立即让自己的孩子知道这种关系有害。然而，他们通常说的是："我希望你以后不要再和那些孩子混在一起。"——这只会使这些孩子更有吸引力。用"我能解决问题"技能会有效得多。

如果你的孩子似乎陷入了这种破坏性的友谊中，可以这样问孩子：

· 当你和那些孩子在一起时，你有什么感受？

· 你喜欢他们什么？

· 你喜欢和他们在一起时的感觉吗？

· 如果你继续和那些孩子做朋友，会发生什么事情？

· 你希望发生那样的事情吗？

· 你怎么做才能避免发生那样的事情？

很多8～12岁的孩子都希望能和父母讨论这些问题。向孩子提出上面这些问题，并与他们做进一步讨论，不仅能帮助他们处理眼下面临的问题，而且还能使他们为抵制青春期时将要体验到的同龄人的压力（这种压力可能会造成更严重的问题，我在后记中会作详细介绍）做好准备。如果你的孩子正把那些很有可能使他处于危险境地的孩子当做朋友，你现在就应该帮助孩子制订一个计划，以避免可能会发生的事情。

如果要想让孩子成长为成功的、有能力的成年人，除了培养孩子择友、交友和保持友谊的能力之外，还需要培养另外两种技能：应对失望情绪的能力，以及等待的能力。

如果孩子不能等待，或者随时都会生气的话，那是因为他们想不到或没有想到自己还能怎么办。结果，他们要么就会很生气，或者会很冲动，把自己的情绪宣泄在别人身上，要么很快就放弃。

有两类孩子，在今后的生活中有可能给自己和别人造成严重伤害的危险：一类是那些不择手段要立即得到自己想要的东西的孩子，甚至不惜为此伤害别人的情感或身体；另一类是那些因自己的愿望从来没有得到过满足而绝望地走开的孩子。尽管大多数体验到失望和沮丧的孩子不会走向自己或别人的对立面，但是，所有的孩子都能学会以自己更满意的方式——不论是现在还是将来——来对待生活中的这些压力的办法。

## 处理失望情绪

生活中的很多问题都会给人带来失望情绪。我们所有的人都有过失望感，尽管有些人比其他人处理得更好。孩子们也一样。也许，你的孩子在学校的演出中没有得到自己想扮演的角色，或者没有入选棒球队。到十一二岁时，有些孩子会因为自己喜欢的同学不喜欢自己，或者没有被邀请参加学校的舞会，而感到失望。当他们的考试成绩比自己预期的差，或者没有得到想要的节日礼物或生日礼物时，他们也会感到失望。

莎拉的妈妈说，莎拉过生日时总是感到失望。当她收到生日礼物时，她总是会发现有些礼物不满意。在她 10 岁生日时，她怒气冲冲地闯入父母的房间，轻蔑地说："我想要一双直列式旱冰鞋和一个 CD 机，可我只得到了旱冰鞋。"

"她简直是非常无礼。"莎拉的妈妈告诉我。如果在过去，她通常会回应一些贬低女儿的话："你怎么了！你为什么这么不知道感激！"甚至在开始学习"我能解决问题"法之后，她在运用时还是有些困难。她会先说："我们给你买的东西很棒，你应该珍惜。"在这样说不管用时，她会给莎拉提一些建议，例如"我们真的很抱歉你有那种感受。你为什么不攒些零花钱自己去买CD机呢?"

这一次，莎拉的父母用"我能解决问题"对话把陈述句改成了提问。他们问："你能想出我们没有给你买两件礼物的原因吗?"

莎拉不得不好好地想想。以前从来没有问过她这样的问题。最后，她回答："因为你们不想让我拥有那两样东西?"

"这是一种可能。"妈妈回答。然而，她心里想着另外一个原因。于是，她问道："还有别的原因吗?"

"是因为太贵了吗?"莎拉问。

"噢，"爸爸回答，"我们给你买了旱冰鞋，还有一些小礼物。我们原以为你会喜欢。"莎拉此时意识到父母是想让她高兴，而不是忽视了她。然后，父母又说："如果你真的想要一个CD机，你能做什么来得到呢?"

"我可以把零花钱攒起来。"莎拉说。

莎拉的父母看到了用"我能解决问题"法之后，莎拉与以前相比的不同反应。而且，莎拉不但了解了父母的想法，她还想到了其他解决办法。

综合使用"我能解决问题"技能，还帮助莎拉处理了另一次失望。当她在考试中没有取得理想的成绩时，她先责怪了老师。之后，她意识到，也许是自己学习不够努力。这是莎拉的一个重大突破。莎拉能把成绩不理想归结为自己能够控制的原因了。因为她已经练习过如何为完成家庭作业安排好时间，所以，她决定为下一次的考试制订一个类似的学习计划。首先，她弄清楚了学习需要多长时间。然后，她决定提前几天开始学习，而不是等到考试的前一天才着手。莎拉的妈妈帮助女儿确定了每天需要学习多长时间。如果在过去，妈妈可能会说这样一些话："如果你学习更努力一些，你就会取得更好的成绩。"现在，妈妈和莎拉一起用"我能解决问题"技能，而且，莎拉开始欢迎而不是抗拒妈妈的帮助。

8~12岁的孩子在其和朋友一起出去玩的愿望与父母对他们安全的担心发生冲突时，往往也会感到失望。例如，尼古拉斯想和几个朋友去购物中心，但如果没有监护人陪同，父母不允许他去。如果在过去，这种争执最终会陷入僵局，而尼古拉斯就会产生沮丧和挫折感。

但是，在妈妈开始学习"我能解决问题"法之后，她以一种不同的方式讨论了这个话题：

妈妈：如果没有监护人的陪同，你们去购物中心会发生什么事？

尼古拉斯：没事！

妈妈：好好想一想。可能会发生什么？

尼古拉斯：我猜可能不会很安全吧。在周围闲逛的一些大孩子可能会骚扰我们。但是，如果你和我们一起去，别的孩子会认为我是胆小鬼。

妈妈：如果你们几个男孩子自己去购物中心，你认为我会有什么感受？

尼古拉斯：我猜是担心。

妈妈：你能想出一个解决这个问题的办法，既不让我担心，又不会让那些孩子认为你是胆小鬼吗？

尼古拉斯：也许你可以当监护人，但又不让我的朋友看到你？

妈妈：这是一个想法。那么，我们该怎么做呢？

尼古拉斯：你可以走在我们后面。你能看见我们，但我们看不见你。

尼古拉斯的妈妈接受了这个办法。她没有强求儿子顺从她，而是帮助他既考虑了她的感受，又考虑了在无人陪同的情况下去购物中心的潜在后果。"我能解决问题"法还使尼古拉斯想到了一个使大家都满意的办法——包括他朋友的父母，他们都同意在周末轮流陪孩子们去购物中心。

通常，当一个朋友没有如约去玩儿，或者一个家长没有履行诺言时，孩子们会感到非常失望。9 岁的托马斯期待和爸爸一起去看一场篮球赛。托马斯在晚饭前就完成了他的家庭作业，非常兴奋地等着爸爸回来一起去看篮球赛，但是，爸爸却打来电话说他不得不加班。妈妈也不能带他去，因为她要留在家里照顾弟弟。在学习"我能解决问题"方法之前，爸爸会尽量向托马斯解释为什么不能按时回家和儿子一起去看比赛——这往往是徒劳的，因为托马斯不会因此而感觉好起来。说一些像"我知道你感到失望"之类的话，或者建议他晚上读新买的书，也不会有用。

但是，因为掌握了"我能解决问题"法，爸爸尝试了一个全新的方法。他在办公室给托马斯打来电话，开始了帮助儿子处理这种失望情绪的对话：

爸爸：今晚不能去看比赛了，你有什么感受？

托马斯（用新学会的情感字词）：沮丧，还有失望。

爸爸：我不能带你去看比赛，你认为我会有什么感受？

托马斯：也感到失望。

爸爸：你能想出一件使自己感觉高兴起来的事情吗？

托马斯：想不出来！

爸爸：我知道你能想出来。你现在已经是个解决问题的能手了。

*托马斯*：我可以和朋友上网聊天。

*爸爸*：想得好。要是你的朋友不在家，你还能做什么？

*托马斯*：我会玩电脑游戏。

此时，托马斯说话的语调已经变了。托马斯知道自己会很入迷地玩电脑游戏。因为托马斯的父亲问儿子有什么感受——而不是告诉他应该有什么感受——然后又让托马斯再想一个晚间活动来替代看篮球赛，托马斯感觉受到了尊重，也就能想出一个使自己高兴起来的办法了。

但是，过了一会儿之后，托马斯想让爸爸知道他还是希望爸爸带他去看比赛。"下个周末你能带我去看比赛吗？"他问。

在你回答这样一个问题之前要慎重。如果你坚持要做出一个不能遵守的承诺，将会造成新的问题：你可能会失去孩子对你的信任。别着急，改天再订计划吧。

唐娜也遇到了让她失望的事情。因为不再羞怯了，她决定要在放学后去玩垒球。但是，其他女孩子不让她加入，并不是她们不喜欢她——她们喜欢她，而是因为唐娜的球技不够高，不能满足女孩子们的要求。在学习"我能解决问题"方法之前，唐娜可能会从尽可能坏的角度来解释这种挫折。她可能会认为那些女孩子不想让她加入，并且认为自己不适合参加运动项目。现在，她能够考虑自己是否想练一练以提高自己的水平，还是去尝试一些别的项目。她选择了学习体操。她不仅喜欢上了体操，而且还结交了新朋友。很快，她就彻底忘掉了垒球的事情。

但是，生活中不会永远没有失望。唐娜对于第一次参加体操表演感到异常兴奋，结果却发现自己的父母因为那天晚上有别的事情不能去看她的演出。但是，幸亏"我能解决问题"法，唐娜现在通过"不去想它"和"要看到好的一面"也能处理这种情况了。当我问她"看到好的一面"是什么意思时，她说："有些孩子根本不会体操表演呢。"唐娜已经学会了很好地处理失望情绪。

不论孩子遇到的问题给孩子造成的是暂时的挫折感，还是更长久的挫折感，都要避免告诉孩子应该有什么样的感受，或者告诉孩子怎样达到目标。尽量不要说："用不了多久，你就不记得这件事情了。"孩子恰恰可能会记住。相反，要帮助你的孩子理解别人的潜在动机，考虑自己还能做些什么，而且，如果是个长期目标的话，就要制订一个计划。如果孩子的目标是无法实现的，就要引导孩子重新制订目标。敦促孩子为一个不可能实现的目标而努力，或者通过说"我知道你能做到"来鞭策孩子，都可能导致孩子完全放弃努力，或者使孩子感觉自己像个失败者。正如你能看到的那样，唐娜在向新目标的努力中找到了满足感，你的孩子也能。

## 应对必须等待的情况：在虚构情景中

许多孩子在必须等待才能满足愿望时会有困难，不论是等待大人的帮助，还是要等待大人对自己的关注，或等待周末或生日的到来。通常，那些难以处理失望情绪的孩子，在一个愿望无法立即得到满足时，也会遇到困难。

你可以通过与孩子玩"当你等待时，你能做什么？"游戏，开始帮助孩子学会等待。在开始练习时，你可以说：

泰里希望妈妈帮他练习小提琴，但是妈妈正忙着给妹妹读故事书。现在，请你告诉我，在泰里等待时他能做的五件事。

　　并非所有的孩子都能想出五件事，但是，父母可以通过鼓励孩子想出解决这一问题的多种办法来帮助孩子。下面是一个正在学习"我能解决问题"方法的 10 岁男孩想出的活动：

- ·泰里可以给朋友打电话
- ·和妹妹一起听妈妈读故事书
- ·做家庭作业或读书
- ·看电视
- ·自己练习拉小提琴

　　在练习"我能解决问题"技能之前，这个男孩只能想到一个办法，即"自己练习拉小提琴"。他的第二个办法"他就那么等着"，只是重复了问题，而根本不是解决办法。运用"我能解决问题"技巧帮助他想出了许多好办法，解决了这个曾经困扰他的难题。

　　唐娜说，一个不得不等待的女孩子可以编一个"我能解决问题"的故事；而一个以前不能等待的女孩说："她可以睡一会儿"。

## 现实生活中的等待

　　当你的孩子在日常生活中不得不等待时，要通过把分步计划技能中的时机因素和寻找多种解决办法结合起来，帮助孩子学会等待。例如，你可以问："现在让我帮你做家庭作业，是合适的时间还是不合适的时间？"如果你的孩子回答不是合适的时间，你就问："你在等待时，能做些什么？"

艾伦，11 岁，觉得自己没有得到妈妈足够的关注。不幸的是，艾伦的妈妈通常直到晚上七点半才下班回家，这让她对女儿感到非常歉疚。然而，当她回到家里后，她又感觉好像需要自己独处一会儿，一般会看看报纸。急于得到妈妈关注的艾伦，会想办法和妈妈说话。要是在过去，妈妈会说："我真的想和你说话，但我现在正在看报纸。我已经工作了整整一天，我需要自己待一会儿。"每当这种时候，艾伦就会非常不耐烦，一跺脚回到自己的房间。

但是，在学习了"我能解决问题"方法之后，母女俩的对话变了。现在，妈妈会说："我真的想和你说话，但现在是合适的时间吗？你能想出我为什么需要时间来放松一下吗？"

"你累了，"艾伦很自觉地说，"我在等你的时候，会找些别的事情来做。"

这个练习也使艾伦的妈妈受到了启发。她开始意识到，即将进入青春期的女儿确实想和她说说话，并征求她的一些建议——这种交流的愿望可能不会永远都有。再过几年，艾伦就进入青春期了，妈妈认识到女儿的需求可能很快就会改变，趁女儿还愿意和自己交流时，应该和女儿多谈谈。"我能解决问题"法帮助艾伦理解了妈妈的需要，同时妈妈也理解了艾伦的需要。

尽管莎拉已经有了很大进步，但她偶尔会忘记"我能解决问题"法，并且在自己的愿望无法得到满足时，会很不耐烦。在虚构情景中想出等待时要做的五件事，有助于莎拉学会在现实生活中面对愿望无法立即得到满足时，缓和自己的冲动。

对于唐娜来说，这个练习有另一个重要性。因为缺少自信，唐娜对于自己的愿望往往倾向于等待太长的时间。如果父母或一个同学说"以后再说"，唐娜就会等待，有时候永远也得不到想要的东西。由于这个练习，她学会了区分多长时间的等待是合理的，还学会了在这段时间里做些别的事情，如果她想再次尝试要她希望得到的东西的话，她就会用新学到的寻找多种解决办法的技能。

随着这种能力的提高，莎拉学会了要更有耐心，而唐娜明白了耐心等待与受到忽视之间的区别。有了这些新的技能，孩子们不但学会了在自己的愿望能够得到满足时等待；而且还学会了在自己的愿望无法得到满足时，如何对待那种沮丧感。

正如我在前面提到的那样，"我能解决问题"对话在开始时似乎显得太长，或者让人感觉太麻烦。然而，在你和孩子对这种方法运用自如之后，你可以把对话缩短。在下一章，我会告诉你怎么做。

## 小　结

· 如果有可能，要帮助你的孩子每次都要使用不止一项"我能解决问题"技能。可以从只用两项技能开始。例如，将"别人有什么感受"加到"寻找多种解决办法"上，然后再加上另一个，比如"接下来可能会发生什么?"很快，你的孩子将能根据自己对人的感受和行为动机的理解来制订行动计划。

第 *10* 章

# "我能解决问题"法适合我吗？

## 父母们关心的一些问题

那些对孩子的行为给予更多思考的父母，也会更多思考自己的行为。

虽然你和你的孩子已经熟悉了"我能解决问题"的一整套技能，但你对在日常生活中和孩子使用这个方法可能还会有一些疑问。

### "对话可以缩短些吗？"

初学这个方法的父母们，经常问我的一个问题就是："这些对话太长了！我们能把它缩短一些吗？"

幸运的是，答案是肯定的，尽管在刚开始时或许不能缩短。

刚开始，最好是按部就班地进行，以便你和孩子学会这种方法。但是，经过一段时间之后——具体需要多长时间视每个家庭的情况而定——对话当然可以缩短。在你和孩子对"我能解决问题"法运用自如之后，你可能只需要一句话，就可以帮助孩子思考面对的问题以及如何解决。

根据问题的性质，你可以决定是否要问孩子自己或他人的感受，是否要让孩子想出问题的解决办法，是否要考虑解决办法可能带来的后果，或者是否要制订一个计划。例如，如果你的儿子正朝妹妹大喊大叫，你可以问他："你能想出一个不同的办法，来告诉妹妹你有什么感受吗？"因为你的儿子现在能够预料到接下来的问题——"当你向妹妹大喊大叫时，你认为她会有什么感受？""如果你向她那样大喊大叫，可能会发生什么事情？"——你可能就不再需要问这些问题了。

如果你想让儿子关注妹妹的感受，你可能还会发现，你只要问"当你向妹妹大喊大叫时，你认为她会有什么感受？"就足够了。如果你想让儿子考虑这个问题，要记住问他，而不是告诉他。开始时，有些父母会发现自己又回到了"解释法"，比如"你向妹妹大喊大叫，她会生气。"

比如，当你的孩子想获得一个朋友的信任时，问下面的问题可能就足够了："要想解决这个问题，你该怎么办？"（要求孩子想出一个解决办法）或者"你首先能做什么？"（要求孩子制订一个计划）。如果你的孩子刚刚撒了谎，未经允许就拿了东西，或者伤害了另一孩子的感情，你可以问："当……可能会发生什么？"如果你的孩子没有表现出共情，你可以接着问："还可能会发生什么？"而且，如果你的孩子仍然只关注自己，而不是别人，你可以接着再问两个问题："那可能会使你的朋友有什么感受？"以及"你对此会有什么感受？"

如何用一句或两句问话来代替整个"我能解决问题"对话的其他例子，可以在第 11 章找到。

## "让孩子自己思考，岂不是对他失去控制了吗?"

很多还没有尝试过"我能解决问题"法的父母，担心这个方法会使他们处于不利的地位——他们可能会失去对孩子或者家里生活的控制。但是，请你思考一下，你现在是不是控制得了孩子。如果你的孩子现在欺负或捉弄别人，或者拒绝打扫自己的房间，或者拒绝为完成家庭作业而制订计划，那你很可能已经失去了控制。

我的观点是，通过运用"我能解决问题"法，使你的孩子有一种对自己生活的控制感，你将重新获得对孩子的控制。你的孩子将会以负面后果较少的方式来行事，而你也会发现自己不再经常与孩子争斗了。

有一次，我在接受电台采访时，一个人打了电话进来，他告诉我们，他非常感激自己小时候父亲让自己自由思考。他说："在我大约 8 岁的时候，因为我弟弟踩坏了我的机器人，我就打了他。我父亲就这件事情和我谈了大约半个小时。"我问这个人，他对父亲和他谈话而不是打他，有什么感受。他说，他感到了自己可以做主："道歉是我自己决定的。我内心感到很难过，从那以后，我再也没有打过别人。"他又补充说，如果父亲打了他，或者要求他道歉，他可能就永远不会有机会体验到那种难受的感觉了，而且，正是因为有过这些感觉，才使他在后来的生活中再也没有伤害过别人。

尽管我们无法确切地知道这个人的父亲当时是怎么和他谈的，但是，父亲让他自己决定怎么办，对他来说无疑是很重要的。

## "用这种方法，孩子会认为他想干什么就干什么吗？"

让孩子自己把握，并不意味着孩子高兴做什么就做什么。而是意味着赋予孩子权利，并给孩子自信，这种自信来自于孩子知道自己能够做出正确的决定。我在前面描述过一些孩子，他们自己决定怎样打扫房间，而不是是否要打扫，自己决定怎样承担做家务的责任，而不是是否做家务。你也看到了孩子们怎样通过理解你对一件事的感受——例如，放学后按时回家——来学会做出正确的决定。

假设，你的儿子因为妹妹不把自己正在读的一本杂志给他而对妹妹越来越生气，你可以用缩短的对话，这样来问他："你能想出一个别的办法来告诉妹妹你想要什么吗？"

他可能会说："是的，我可以把她打晕。"

在这种情况下，你可以通过问"如果你那样做，可能会发生什么？"来继续对话。如果你的孩子提出的一些解决办法仍然会造成负面后果，那就说明你跟孩子还不能用缩短的对话。通过继续对话，你就不会让他想做什么就做什么。而是在帮他想出不会伤害妹妹、朋友、你——或者最终是不会伤害他自己的解决办法。

## "这种方法任何时候都适用吗？"

一些父母还问我，是不是有些时候用"我能解决问题"法并不合适。事实上，我有时候也不建议父母们用"解决问题"法。假设一辆汽车疾驰而来，而你的孩子在这时冲上了大街，你很难停下来问："这里是你待的好地方吗？"或者"在大街上跑是个好主意吗?"你首先会把孩子拉到安全的地方,然后,你们两个都需要时间使自己镇静下来。

你可能会因此向孩子大喊大叫,或者跟她解释这么做为什么很危险,但是,我建议你要克制一下。向孩子大喊大叫或跟孩子解释,都不会阻止孩子再一次在大街上猛跑。只有用"我能解决问题"法才能确保她在以后小心一些。但是,在情绪紧张或生气时,"我能解决问题"法不会有用。要等到你和孩子都冷静下来——但不要等太长时间,否则,要解决的问题可能就会被忘掉了。然后,要开始一次"我能解决问题"对话。要让孩子告诉你,在横穿马路之前应该怎么做(这个年龄的孩子知道要看看两边);如果她不那样做,可能会发生什么情况;如果发生了那种情况,她(和你)会有什么感受;以及她怎么做才会避免发生那种情况。

## "我的孩子有多动症,这种方法会有帮助吗?"

邦妮·阿伯森教老师和家长们使用"我能解决问题"法已经差不多有15年了,最近,她教了三个患有注意力缺陷多动障碍的8岁孩子(两个男孩和一个女孩)的父母。六个月之后,这三个孩子都出现了戏剧性的变化,他们不再那么抑郁,家长的管教问题也少了。这三个孩子还学会了怎样制订计划并实施,怎样表达自己的感受,以及怎样与别人更好地相处。而且,更为重要的是,这三个孩子的妈妈都说,她们发现自己比以前能更多地倾听孩子了。

其中有一个男孩子,原来非常依赖妈妈,在为每天上学做好准备方面有困难。在项目进行中,有一天,这个男孩向妈妈要零花钱。妈妈问他,他可以做什么来得到零花钱,他回答说:"我可以捡池塘周围的树叶，可以给植物浇水。"第二天，他叫醒了父母，穿好了衣服，做好了上学的准备。妈妈非常惊讶地问："为什么起这么早？"他说："我想在上学前把活儿干完，这样放学后我就可以和朋友一起玩儿了。"这件有趣的事表明，制订计划有助于这个男孩按照以前从来没有过的方式预先思考，例如，头天晚上就把第二天要穿的衣服准备好。

阿伯森说，三年后，这三个孩子的父母仍然在成功地对自己的孩子使用"我能解决问题"对话。那个女孩子原来几乎没有朋友，学习成绩也很差，对其他活动也没有兴趣，而现在，她的学习成绩很好，能够独自完成家庭作业，而且学会了弹钢琴，在女童子军中也很活跃。那两个男孩子，在三年后，在家里和学校里都能够独立地做事情了，并且比以前有了更多的朋友。

## "这种方法适合我吗？"

家长们一旦了解了"我能解决问题"法对孩子有怎样的帮助，很多家长就想知道"这种方法对我有用吗？"我已经帮助父母们明白了，通过帮助孩子学会思考他们的行为，父母们通常也会开始思考自己的行为，以及怎样对待同事、朋友、配偶和孩子。

卡洛琳·华莱士是一位母亲，她告诉我，自从她开始在家里用"我能解决问题"法以来，她不仅更多地考虑怎样和自己的孩子说话，而且还考虑怎样和同事说话了。过去，她和自己的同事会争吵，并且，卡洛琳会说一些"你怎么能指望我既干你的活儿又干我的活儿！"之类的话，结果，两个女人变得越来越疏远了。但是，在学了"我能解决问题"法之后，她对同事说："你知道，我们存在一个问题，我需要你的帮助来解决。"对于这个转变，两个女人都感到很吃惊。当然，她们开始相互交谈了，现在，她们不但在工作中配合得很好，而且也成了工作之外的好朋友。

就像在孩子感到内心受到伤害时，我们要帮助他们学会表达他们的感受一样，我们自己也要学会表达。朵琳·布洛克是一个和其他人在一起时经常会感到羞怯的女人，她和她的朋友格洛丽以及格洛丽认识的另一个女人一起，正在等候她儿子的校车。当着朵琳的面，格洛丽邀请那个女人参加她即将要举办的晚会。因为朵琳正在家里运用"我能解决问题"法，所以她说："你没有邀请我参加你的晚会，我感到很伤心。"格洛丽感觉糟透了。这只是格洛丽的一个疏忽，但是，如果朵琳感到把自己的感受说出来不安全的话，这个疏忽可能就不会被指出来。

用"我能解决问题"法的另一个好处是，有些父母开始更多地考虑自己的行为可能会给孩子的行为造成的影响。例如，8岁的本吉是个依赖性极强的孩子。他的父母对他感到越来越生气，因为正如他妈妈所说："他让我们为他倒麦片，为他把磁带放到录像机里，甚至为他削铅笔。他自己不做家庭作业。甚至还没看题，就说自己不懂。"由于不知道该怎么办，他的父母总是在说"你自己做"和替他做之间摇摆。

在学习"我能解决问题"法之前，尽管本吉的父母认识到是他们在本吉小的时候替他做得太多了，但他们不知道怎么办才能改变儿子的行为。现在，他们能够用"我能解决问题"的技能，帮助儿子克服无休无止的依赖性了。

他们让本吉列出想让爸爸妈妈替他做的五件事情。在向他保证父母会在身边帮助他之后，他们让他从中选出一件事情自己做。本吉决定试试自己倒麦片。妈妈让他去拿麦片，并放到桌子上，然后再去拿牛奶。"但是，如果我把牛奶洒了怎么办？"他笑着问道。他从自己做过的"我能解决问题"游戏中，意识到了这个障碍。父母也微笑着，看着他把麦片倒进了碗里，然后，非常小心地把牛奶也倒了进去。没有洒出来，大家都笑了。

他们认为本吉在那一天表现出来的独立性已经足够了。但是，第二天，当本吉要求"帮我把磁带放到录像机里"时，他对自己的这个要求也笑了，然后说："我自己能做。"

让本吉独立做家庭作业花的时间要长一些。本吉的爸爸想让儿子愉快而不是胆怯地做家庭作业。数学是本吉特别不喜欢的一个科目。本吉的爸爸从适合小学中高年级的"我能解决问题"练习册上选择一个游戏作了改编，他用数字来玩一个很受孩子们欢迎的小组游戏，叫做"记忆"游戏（有些人称之为"专注"游戏）。这个游戏是把一个数字（例如25）和它的乘数（5×5）相搭配。尽管这个游戏是爸爸建议玩的，但本吉很快就把自己做的能练习加减法的卡片加入了进来。本吉非常喜欢这个游戏，并把它用到了其他科目中。例如，对于科学课，他制作了一些把动物和其运动方式搭配起来的卡片，比如，鱼/游泳，马/奔跑，鸟/飞翔。

既然本吉有兴趣学习了，他的父亲认为是解决家庭作业问题的时候了。他从要求本吉给他大声读出老师布置的作业开始，并每次解释一个题的说明。通过这种方法，本吉学会了制订分步计划来完成一项任务。很快，他变得更自信了，并能够独立完成老师布置的家庭作业了。

就像本吉的父母在学习"我能解决问题"法之前，就意识到了他们在儿子依赖性的形成中所起的作用一样，比利的妈妈在对8岁的儿子使用"我能解决问题"法时，发现自己对儿子的完美主义倾向可能有很大的影响。她告诉我："如果他在做家庭作业时哪怕出了个非常简单的错误，或者在课堂上回答错了老师的问题，他都会很生气，经常因为自己的错误而责备别人。他的美术老师说他的画非常好，但说他画得太慢，其他孩子都画完了，他才刚刚开始。"比利对这个问题的回答是："噢，我不在乎，因为其他的孩子只顾匆匆忙忙画完，根本不在乎画得怎么样，可我想让自己画得好一些。"

比利的妈妈以前在想改变儿子这种追求完美的倾向时，通常会这样说："你画的房子很棒。我敢打赌，这一定是你们班里画得最好的。"但是，这只会使比利感到更焦虑，因为他觉得可以画得更好。如果比利的考试成绩不好，妈妈会说："没关系，但我知道你能考得更好。"在体操馆，比利会在学习使用体操器械时停下来，说："我不会做。"而他妈妈会说："不，你能做。"

当她教儿子考虑别人行为的潜在动机时，她开始思考自己为什么会给儿子施加压力，虽然是无意识的。从她5岁开始，父母就告诉她，她有多么"特别"。"那给我造成了沉重的责任感。我不知道自己擅长什么。我感到自己与同学不一样。我觉得必须要比同学强。我感到自己与他们隔绝了。"她解释说。

比利的妈妈一旦认识到了自己在比利的问题中所起的作用，就能够帮助他改变了。一天，当他画了一座房子时，她开始了"我能解决问题"对话：

*妈妈*：你对自己刚才画的画感觉怎么样?

*比利*：沮丧。我能画得更好。

*妈妈*：给我讲讲你的画。

*比利*：这是我们家的房子。但看上去不像。

*妈妈*：真的必须要像吗? 告诉我这幅画中你喜欢的一个地方。

*比利*：窗户。

比利开始笑了，并且在窗户上画了些图案。妈妈也笑了。比利开始在画中的房顶上，然后是地板上画一些图案，其中有一些是很好笑的图案。他陶醉地画着，忘记了自己并不喜欢这幅画。终于，他自由地发挥着自己的创造力，再也不感到必须要"完美"了。

接下来，比利的妈妈帮助他改变了对于学习成绩的不切实际的期望。她没有解释为什么没有必要在成绩单上全部得 A，而是用"我能解决问题"法帮他制定了能够实现并感觉良好的更现实的目标。

一位参加"我能解决问题"项目的父亲说，他自己小时候也被赞扬过度了。但他却走向了与比利的妈妈相反的方向；他不是努力去实现父母那些不切实际的期望，而是不再为取得好成绩而努力，而且，过了一段时间，他也不再努力交朋友了。"我要让他们看看，我根本就没有那么特别。"他告诉我，眼中充满了不屑。这样养育的结果是，当他自己做了父亲之后，他几乎从不赞扬自己的女儿。而他的女儿最终也不再为取得成功而努力，其原因恰恰与他当时的原因相反。"我能解决问题"法帮助这位爸爸明白了，由于他缺乏对女儿感受的敏感性，使得女儿对自己的自豪感也不在意了。

正如你看到的那样，"我能解决问题"法帮助一些父母明白了自己的过去给孩子的行为可能造成怎样的影响。还有一些父母明白了自己对孩子目前存在的问题有怎样的影响。一位妈妈理解了，可能正是自己让 12 岁的女儿维多利亚感到不得不撒谎的。在参加"我能解决问题"项目之前，这位妈妈主要运用权威法。下面就是个例子：有一天，她告诉维多利亚放学后要立即回家学数学，因为她的数学不及格。然而，维多利亚却去参加了女童子军集会，因为她认为妈妈在上班，不会发现的。但是，妈妈还是发现了——是从一个邻居那里知道的。当妈妈问她去了哪里时，维多利亚撒了谎，这让妈妈更生气了。妈妈要求维多利亚把女童子军的奖章还回去。

过了一段时间，她认识到了，这对维多利亚是一个毁灭性的打击。当她转而使用"我能解决问题"法时，她就不再要求维多利亚放学后立即回家学习了，而是让维多利亚制订一个分步计划，使女儿既能学习，又能参加她喜爱的女童子军集会。借助于手头的日历，维多利亚在几个小时之内就计划好了做作业和参加女童子军集会的时间。而且，维多利亚不再感到生气、沮丧和怨恨，而是对自己的计划能力感到骄傲。

莎拉的妈妈逐渐意识到，她往往不加考虑就惩罚女儿，而没有了解女儿对问题的看法。正如莎拉有一次告诉我："妈妈从来就不让我说为什么打弟弟。她只是生气，对我禁足。但有时候，弟弟做的事情让我非常生气，比如乱翻我的东西，把东西拿走。"然而，在学过"我能解决问题"法之后，莎拉的妈妈开始明白了，有时候，打也许是莎拉解决问题的办法，而不是问题本身。她非常骄傲地告诉我："由于我能和莎拉对话了，她找到了新的办法让弟弟知道她有什么感受。"

"我能解决问题"法不仅使乔舒亚的爸爸帮助了儿子，而且还了解了他自己。10岁的乔舒亚多次恳求爸爸让自己上钢琴课。在头两个月，他很乐意练琴，而且也经常练。但是，之后他就没兴趣了。乔舒亚的爸爸意识，通过运用权威法强迫乔舒亚练习——说一些诸如"你什么时候做事才能善始善终！你说你想上钢琴课，现在看看怎么样了！"之类的话——使得他从来听不到孩子的想法。

乔舒亚讨厌这种长篇大论，但又不敢告诉爸爸他对钢琴已经失去了兴趣。他只是郁闷地在屋里走来走去，知道只有练完琴才能和朋友一起玩儿。最后，父亲意识到，也许他应该问问乔舒亚有什么事情困扰着他，而不是只对他大喊大叫。乔舒亚逆来顺受地说："我讨厌练钢琴。我宁可踢足球。"

爸爸还是没有听儿子说话，大喊道："如果你坚持不下来，我不想把我的时间和金钱浪费在足球上!"这让乔舒亚的感觉更糟了。他们陷入了僵局——直到爸爸开始用"我能解决问题"法。通过进行"我能解决问题"对话，父亲和儿子以一种从未有过的方式开始了沟通：

爸爸：为了这个家，我这么努力地工作赚钱，你却白白地浪费金钱，我感到很伤心。

乔舒亚：爸爸，我原来以为我喜欢钢琴，但我在练琴时就不能和朋友们玩儿了。而且，我现在真的想和朋友们在一起。

爸爸：你真的想和朋友们在一起？

乔舒亚：是的，我真的喜欢足球，而且踢足球时可以和朋友们在一起。

乔舒亚的父亲开始理解了必须要考虑儿子的想法，而不能只考虑自己的需要。

"我能解决问题"法对参加我们项目的父亲们的帮助，还有一个更重要的例子——尼古拉斯的爸爸。因为他开始用"我能解决问题"法和儿子讨论感受，所以，他也开始考虑自己的感受。他发现，当尼古拉斯忘记把树叶时——这个例子我在前面提到过——他不仅感到生气，而且还感到伤心，并对儿子感到失望，无法相信儿子了。通过认识到自己的感受，并帮助尼古拉斯理解这些感受，尼古拉斯的爸爸能关注儿子的感受了——这是他以前从来做不到的。正如他告诉我的那样："当我认识到自己心里在想什么的时候，就开始用一种不同的方式和儿子谈话了。"然后，他的表情和语气变得柔和了；他感动地说："我们的关系变了。"

乔吉亚·薇特金在她的《孩子的压力》一书中告诉我们，在接受调查的9~12岁孩子们当中，有大约15%的孩子说，因为害怕让父母生气，他们不敢和父母谈那些使他们感到不安的事情。他们还担心父母会冲自己大喊大叫，或者伤害他们。既然你已经熟悉了"我能解决问题"法，并且理解了真正倾听、了解彼此的观点和相互交流的重要性，你的孩子就不会是那15%中的一个了。

我描述过的那些家庭中的巨大变化，没有一个是在一夜之间就出现的。不论是孩子还是父母，都必须花时间学习这个方法，特别是在莎拉和唐娜的家里。然而，他们愿意投入时间，因为他们认识到自己过去使用的方法没有任何效果。尽管"解决问题法"需要的时间可能会长一些，但是，参加我们项目的大多数父母都向我保证，这个新方法非常值得为之付出努力。有一位家长告诉我："刚开始，很难记住要向孩子问问题，而不是告诉他解决办法。我以前确实还要想想该怎么做。现在，这已经成为我的第二本能了。我不知道还能用什么别的方式和孩子谈话。"

而且，孩子们的话更突出了他们对"我能解决问题"法的热情。当我问尼古拉斯是否喜欢这种方法，以及他认为我们为什么希望他学习这种方法时，尼古拉斯说："当我遇到问题时，我知道该怎么办了。"

莎拉说："我现在喜欢学校了，我也有朋友了。"

唐娜显得很骄傲，微笑着告诉我："我现在能解决问题了。"

一个六年级的孩子可能说得最好，她告诉我："我们必须学会自己思考。大人们不会总在身边帮助我们。"

如果你现在就在使用"我能解决问题"法，你就是在向孩子们传递一个有力的信息：你相信你的孩子能够做出正确的决定。你对此会感到很欣慰，因为你已经教会了孩子需要用来做正确决定的技能。而且，你对孩子的信任将会得到回报。一个参加"我能解决问题"项目的 10 岁孩子告诉我："当我做错事的时候，我不再害怕告诉我的父母了，因为我相信他们不会伤害我。"

听到这些，我感到非常兴奋。

## 小　结

·当你用"我能解决问题"法和你的孩子谈话时，问问自己："我是要告诉他，还是问他有什么感受？""我是要告诉他，还是问他下一步该怎么办，以及如果他那样做了，可能会发生什么情况？"

·你最终可以用一个问题或短语将"我能解决问题"对话缩短，例如，"你能想出一个不同的办法来告诉我，你有什么感受吗？""你能做（或先做）什么来解决这个问题？"以及"当……时，可能会发生（发生了）什么情况？"

·在情绪激动时，要避免用"我能解决问题"对话。你的孩子可能不会听。要等到孩子冷静下来。你可能也希望自己冷静下来。

·帮助孩子学会思考他们的行为，会帮助你更多地思考你的行为——和同事、朋友、配偶以及你的孩子。

·任何一种有意或无意地给孩子造成伤害的方法，都会让孩子感到自己需要通过伤害别人来重获控制感，或者可能会关闭心扉，根本不作任何反应。

# 第 **11** 章

# 一份"我能解决问题"测试卷

当父母把陈述句变成问句的时候，孩子们就把问题转变成了要解决的问题。

既然我们已经明确了"我能解决问题"的全部技能，让我们看看你记住了多少吧。我设计了一个测试，来看看你能否熟练地将"我能解决问题"法与"权威法"、"建议法"和"解释法"区分开来。

下面是 8 ~ 12 岁的孩子所面临的典型问题的一些例子。在每种情景的后面，都有代表本书所描述的养育孩子的四种类型的一种或一种以上的回应方式。看看你是否能辨别出来。在你辨别出"我能解决问题"法的例子之后，就可以把它作为"我能解决问题"完整对话的缩短版。每一种情景后面都附有答案。

# 孩子们之间的问题

**嫉妒**。一个 8 岁的女孩儿嫉妒自己的双胞胎哥哥，因为，就像她说的那样："他在别人家过夜的次数比我多。"你回答说：

1. 你也有朋友邀请你在她们家过夜。

2. 不要嫉妒。你也有一些哥哥没有的东西。

3. 你有的东西里面，有使你感到真正高兴的吗？

4. 你什么时候能不再抱怨哥哥！

**答案**：（1）解释法；（2）解释法；（3）解决问题法；（4）权威法（贬损）

**烦恼**。8 岁的汤姆很苦恼，因为 6 岁的妹妹贝特西又在打扰他。他朝她大叫道："走开！"

你对贝特西说：

1. 现在不是打扰哥哥的时候。他正在做作业。

2. 如果你再打扰哥哥，就让你回你自己屋里去了。

3. 为什么你现在不做自己的作业？*

4. 现在是和哥哥说话的好时候吗？

＊尽管这个回应是以"为什么"开头的，但并不是一个真正寻求信息的问句。她无法提出自己的想法。

**答案**：（1）解释法；（2）权威法；（3）建议法；（4）解决

问题法

对汤姆，你说：

1. 不要对妹妹大喊大叫。这不好。

2. 你能否想出一个别的办法，告诉妹妹你有什么感受吗？

3. 我不允许你那样和妹妹说话！

**答案**：（1）解释法；（2）解决问题法；（3）权威法

**"是他的错。"** 一个 8 岁的女孩子无论什么事情都责怪哥哥，包括在玩棋盘游戏的时候骰子滚出来的点数不好，"是他使我把骰子掷不好的。"她抱怨说，"他的棋子总是挡路。"你对她说：

1. 那不是哥哥的错。我们大家都有掷不好的时候。

2. 如果你这样，哥哥就不和你玩了。

3. 别再像个小婴儿！他并没有想伤害你。

4. 如果你认为他的棋子碍事，你可以对他说什么？

5. 如果你什么事情都责怪哥哥，可能会发生什么情况？

**答案**：（1）解释法；（2）解释法；（3）权威法（贬低）和解释法；（4）解决问题法；（5）解决问题法

**因电视而争吵**。9 岁的凯斯和 11 岁的姐姐林赛在同一时间想看不同的节目，他换了频道。你对凯斯说：

1. 当你们俩同时想看不同的节目时，你可以说或做什么？

2. 马上换回原来的频道！

3. 你对姐姐不公平。她让你看你想看的节目。

4. 你有什么权利换频道！

**答案**：（1）解决问题法；（2）权威法；（3）解释法；（4）权威法（这并不是一个真正的问题，而是谴责）

**同睡一个卧室**。9 岁的爱德华和 7 岁的路易斯都想睡双层床的上铺。你对他们俩说：

1. 你们两个怎么办才能解决这个问题？

2. 别再争了！如果你们决定不了，就由我来决定谁睡上铺。

3. 你们应该轮流。这样才公平。

**答案**：（1）解决问题法；（2）权威法；（3）建议法和解释法

**未经允许就借用别人的东西**。一个 12 岁的女孩很烦恼，因为弟弟总是在她要用的时候用她的电脑。你对儿子说：

1. 你姐姐现在需要电脑做作业。

2. 我告诉过你多少次了，不要用姐姐的电脑！

3. 在姐姐需要的时候，你用她的电脑，你想想她会有什么样的感受？

4. 当你想用姐姐的电脑时，要先问问她。

5. 当她在做作业的时候，你用她的电脑，可能会发生什么情况？

**答案**：（1）解释法；（2）权威法；（3）解决问题法；（4）建议法；（5）解决问题法

**不为他人着想**。你 11 岁的儿子问是否能在星期天早上九点给朋友打电话，尽管你告诉过他不能。你说：

1. 你的朋友可能还在睡觉。过一会儿再打。

2. 如果你把朋友叫醒，他可能会生气。

3. 如果你把朋友叫醒了，你认为他会有什么样的感受？

4. 你一点也不为别人着想。我告诉过你这个时间不要给他打电话！

5. 这个时间给他打电话合适不合适？

**答案**：（1）解释法和建议法；（2）解释法；（3）解决问题法；（4）权威法；（5）解决问题法

你 12 岁的儿子决定去学校看看游泳池开放的时间，尽管他的朋友五分钟后就会过来玩游戏。你说：

1. 如果朋友来的时候你不在，他会有什么样的感受？

2. 如果你不在，你的朋友会感到非常生气。

3. 如果你这样做，你就不会有任何朋友了。

4. 在朋友来之前离开不太好。

5. 这个时候离开家合适不合适？

**答案**：（1）解决问题法；（2）解释法；（3）解释法；（4）解释法；（5）解决问题法

你 12 岁的女儿借了东西没还，比如她的同学做作业需要用到的一本书。你说：

1. 如果你不及时归还借来的东西，就没有人会借给你了。

2. 如果你现在不把书还给她，可能会发生什么情况？*

3. 这个女孩儿会对你感到很生气。

4. 如果你再不还这本书，你想想她会有什么样的感受？

＊如果你的孩子回答："她不会再做我的朋友了。"或者"她不会再喜欢我了。"你就问："还会发生什么情况？"目的是让孩子对自己的行为对别人的影响变得敏感起来，而不仅仅是让她知道对自己有什么影响。如果有必要，你可以通过这样的问题来引导她："如果她不按时完成作业，可能会发生什么情况？"

答案：（1）解释法；（2）解决问题法；（3）解释法；（4）解决问题法

信任。你10岁的女儿很伤心，因为她的朋友把她的秘密泄露给了另外一个女孩儿。你说：
1. 告诉她，她破坏了你对她的信任，你感到很伤心。
2. 如果你害怕告诉她你感到伤心，就让一个朋友告诉她。
3. 如果你不把自己的感受告诉她，她以后还会这样做。
4. 当有人那样对待你时，你能说什么或做什么？

答案：（1）建议法；（2）建议法；（3）解释法；（4）解决问题法

破裂的友谊。你9岁的女儿抱怨说："我最好的朋友更喜欢她的新朋友了。"你说：
1. 告诉她你感到很难过，而且你仍然想和她做朋友。
2. 那让你感到很伤心，对吗？
3. 这使你有什么感受？
4. 你也和她的新朋友做朋友。

5. 你说什么或做什么，才会让她继续和你做朋友？

**答案**：（1）建议法；（2）解释法；（3）解决问题法；（4）建议法；（5）解决问题法

**未征得同意就拿了别人的东西**。你 8 岁的女儿抱怨说："她拿了我的午餐盒。"你说：

1. 告诉她如果她不还回来，你就再也不和她做朋友了。
2. 告诉老师。
3. 你能说什么或做什么，她才会还给你？
4. 不要再和她玩了。她不是个好孩子。

**答案**：（1）建议法；（2）建议法；（3）解决问题法；（4）建议法和解释法

**遭到取笑**。你 9 岁的女儿抱怨说："她骂我。"你说：

1. 你必须学会不在乎。＊
2. 告诉老师。＊
3. 你也骂她。不能让她那样。＊
4. 你能说什么或者做什么，她才会不再惹你？
5. 问她为什么她那样做。

＊这些建议虽然不同，但方法是相同的。都是父母在替孩子思考。

**答案**：（1）建议法；（2）建议法；（3）建议法；（4）解决问题法；（5）建议法

**不公平的责备**。你 12 岁的儿子回到家里抱怨说，他在学校因为一件他没有做的事情而遭到了责备。你说：

1. 不论是谁做的这件事情，都告诉他要坦白地承认。让你受到责备是不公平的。

2. 把事情的真相告诉老师。

3. 问问那个应该承担责任的孩子为什么让你来承受责备，然后把你的感受告诉他。如果你不这样做，他会认为自己下一次还能得逞。

4. 我知道你对此感到非常生气。

5. 你怎样才能让应该承担责任的那个孩子知道你的感受？

答案：（1）建议法和解释法；（2）建议法；（3）建议法和解释法；（4）解释法；（5）解决问题法

**说闲话**。你 8 岁的女儿得到了一个爱说闲话的坏名声。你说：

1. 如果总是说别人的闲话，你就不会再有朋友了。

2. 如果你说别人的闲话，他们也会说你的闲话。

3. 如果你说一个人的闲话，他可能会有什么样的感受？

4. 如果你总是说别人的闲话，可能会发生什么事情？

答案：（1）解释法；（2）解释法；（3）解决问题法；（4）解决问题法

# 父母和孩子之间的问题

**无责任感**。你 11 岁的女儿忘了转达电话内容。你说：

1. 你什么时候才能记住告诉我们是谁打的电话！

2. 人家会认为我对他们要说的话不感兴趣。

3. 人家会认为你不负责任。

4. 你怎么办才能记住要告诉我电话内容？

答案：（1）权威法；（2）解释法；（3）解释法；（4）解决问题法

你 10 岁的儿子把自行车留在了外面的雨里。你说：

1. 如果你把自行车留在外面的雨里，可能会发生什么事情？

2. 自行车如果湿了，就会生锈的。

3. 难道你什么事都不管吗！

4. 如果自行车坏了，你会很生气的。

答案：（1）解决问题法；（2）解释法；（3）权威法；（4）解释法

**撒谎**。你 11 岁的儿子坚持说自己没有打碎玻璃，是另外一个男孩扔的球。你说：

1. 我非常生气你在撒谎。

2. 假如你不说实话，你想我会有什么感受？

3. 你不听我们的话，把球冲着房子扔，已经够糟糕了。现在你还跟我们撒谎。

4. 用你的零用钱修玻璃。

5. 布雷德那天没在这儿。你又撒谎了。

**答案**：（1）解释法；（2）解决问题法；（3）权威法；（4）权威法；（5）权威法

**不为他人着想**。星期六早上，你8岁的女儿在门关着的情况下，来到你们的卧室，叫醒了你和你的丈夫。你说：

1. 你什么时候才能学会在门关着的时候，不要进我们的卧室！

2. 除非确实有重要的事情，否则，在门关着的时候，不要进我们的卧室！

3. 如果你非要进我们的卧室，我们就不得不在门上加把锁了。

4. 你为什么不在我们醒来之前自己玩玩具？

5. 在你等着我们醒来时，你能做些什么？

**答案**：（1）权威法；（2）建议法；（3）权威法；（4）建议法；（5）解决问题法

**顶嘴**。9岁的儿子对爸爸说："那太蠢了。"爸爸说：

1. 别跟我顶嘴！我是父亲，你是孩子。你不懂吗！

2. 当你跟我顶嘴的时候，我感到非常生气。

3. 你能想个不同的办法告诉我你的感受吗？

4. 你听到自己刚才说什么了吗？你必须学会怎样和别人说

话，否则就没人想和你说话了。

**答案**：（1）权威法；（2）解释法；（3）解决问题法；（4）解释法

你告诉8岁的女儿，她那天下午在完成家庭作业之前，不能和朋友玩。她说："妈妈，我恨你。"你说：

1. 我不恨你。

2. 我知道你生气了，但是你必须做完作业。

3. 当你这样跟我说话时，你认为我会有什么感受？

4. 你能想到个不同的办法告诉我你的感受吗？

**答案**：（1）解释法；（2）解释法；（3）解决问题法；（4）解决问题法

你9岁的儿子认为自己受到的惩罚比妹妹受到的多，并说："你更爱她。"你说：

1. 不，不是这样的。我爱你们两个是一样的。

2. 你应该很清楚！

3. 你为什么那样想？

**答案**：（1）解释法；（2）权威法（镇压）；（3）解决问题法

最后一个问题。有些父母能够和孩子开始一个"我能解决问题"对话，但却不能完成。例如，他们不能一直使用"解决问题法"，而是在中间转向了"解释法"或"建议法"。下面是一位父亲和他11岁的儿子杰里米之间的一次对话，说的是发生在学校里的一件事情。

爸爸开始时用的是"解决问题法"。读读这个对话，并看看你是否能发现他在哪里放弃了这个方法，转而采用了哪种方法。

杰里米：在我和亨利摔跤的时候，他用力地打了我，是故意的。

1. 爸爸：你当时有什么感受？

　　杰里米：非常生气。

2. 爸爸：你怎么处理的？

　　杰里米：我告诉了老师。

3. 爸爸：不，不要那样做。亨利会很生气，你会失去一个朋友。你只要告诉他，如果他不公平竞赛，你就再也不和他摔跤了。

如果你注意到杰里米的爸爸在第 3 段话中不再使用"我能解决问题"法，那就对了。如果你意识到他后面用的是"建议法"和"解释法"，你也对了。

那么，杰里米的爸爸怎么才能用"解决问题法"把对话完成呢？

当你和孩子都完全熟练掌握了"解决问题法"之后，你只要说"让我们用'我能解决问题'法来解决。"就可以把对话缩短。你可能很快就能听到孩子也会这样说。

记住，"我能解决问题"法是一个过程；与说话的内容无关。通过把陈述句变成问句，你就是在帮助孩子学会怎样思考，而不是思考什么。这也将帮助孩子把自己的问题变成能够解决的问题。

这个测试里有 22 个问题，如果你至少答对了 15 个，你的家庭现在就是一个正式的"我能解决问题"家庭了。

祝贺你！

# 预防十几岁的孩子出现严重问题

## 吸毒、怀孕、暴力

现在能解决重要问题的孩子，在将来也能解决对于他们来说重要的问题。

本书关注的是一般家庭中出现的日常问题。我们已经看到，"我能解决问题"法如何帮助像尼古拉斯那样已经具备较强社会能力并善于解决问题的孩子，变得人际交往能力更强。这种方法也帮助像莎拉那样攻击性强的孩子变得更能共情，更能控制自己的愤怒，更善于解决问题，更好地与人相处。而且，这种方法还帮助唐娜以及像她那样的孩子变得更加自信，更好地表达自己的想法和感受，并且能更好地与人相处了。

尽管莎拉和唐娜在情感和与人交往中还有困难，但在以后的成长中，她们将能够找到自己的方法。但是，有些孩子，尤其是那些攻击性更强以及社会退缩的孩子，如果得不到帮助的话，就没有那么幸运了。有些十几岁的孩子很早就会辍学、怀孕、开始吸毒，而且会越陷越深。

在这个后记中，我们要来看看如何用"解决问题法"预防十几岁的孩子中出现的更严重的问题——吸毒、怀孕和暴力。

但是，在此之前，我想让你关注一下预示着孩子在十几岁时有可能会出现严重问题的警告信号。我们已经讨论过一些这种信号：非语言线索的变化，比如面部表情、语调和身体姿势；以及长期的反社会行为或退缩行为，包括缺乏交朋友的能力。

其他一些重要的信号包括：

· 不会或者不愿意表达自己的想法和感受
· 儿童抑郁症
· 在学校的成绩下降
· 疏远家庭、学校和社会
· 成为暴力的受害者
· 抑制不住地发怒
· 与有严重问题的同龄人交往
· 折磨或杀死小动物
· 接触或拥有武器

正如美国联邦教育部在其发送到全国学校的《早期警告，及时应对：校园安全指南》的出版物中所讨论的那样，如果一个孩子有上述风险因素中的某一个，并不意味着他在未来几年肯定会遇到严重问题。大多数在十几岁时吸毒、怀孕或者（以及）使用暴力的孩子，通常会表现出不止一种上述危险信号。

然而，研究也确实表明，这些问题不会自动消失。即使那些表现出极端高风险行为或经常有高风险行为的学龄前孩子，可能也需要专家的帮助，以及来自家庭、朋友和一些社会团体的情感支持。了解"我能解决问题"法能怎样使专家的帮助和情感支持更为有效，在帮助孩子为青春期做好准备并成长为一个健康、出色和成功的成年人方面，会起到一个关键的作用。

## 吸毒、吸烟和喝酒

"你就说不。"

"绝对不能做。"

这些口号都太熟悉了，并且使问题听上去简单了——但是，我们都知道，吸毒没那么简单。

口号是"建议法"很绝对的例子——它们告诉孩子要做什么，不要做什么。我们已经看到了这种方法是无效的。首先，建议常常不被接受。此外，口号不会鼓励孩子自己想想为什么他们应该或不应该吸毒，也不会鼓励孩子考虑他们能做什么别的事情。

最后，简单化的口号忽略了同龄人压力这个现实。为什么孩子感到自己必须向同龄人的压力屈服呢？他们可能只是不喜欢自己。或许是他们没有交到想交的朋友，或许是感到孤独和沮丧，才转而去寻找他们认为有可能成为自己朋友的那些同龄人。但是，要保证让那些刚刚认识的孩子接受自己，惟一办法就是受他们的摆布。

有了这种"朋友"，有助于孩子们感觉良好——这是一种被他们在尝试吸毒时所体验到的那种虚幻的快感所强化了的感觉。毫不奇怪，同龄人群的这种吸引力会非常大。然而，一旦毒品的作用消失之后，对这种虚幻的快感的需要就会再次出现，直到孩子们对毒品上瘾——或许此时比他们对同龄人的"瘾"更加强烈。像这样的孩子，已经失去了对自己生活的控制感，对事情只是被动地接受。他们不能或者不去考虑自己行为的后果。有些孩子是不在乎。

我们怎样才能阻止情况发展到这种地步呢？

答案并不是向孩子们"解释"毒品为什么很危险——他们已经知道了。例如，我曾经问过几个八九岁的孩子对毒品的看法。以下是他们的回答：

· 毒品对你没有好处。你会得病而死。

· 毒品对你的健康没有好处。吸毒的人百分之百会死掉。会使你做各种不应该做的事情。它甚至可能让你做危险的事情，甚至杀人。出售毒品的人更坏。正是他们使很多人死掉了。

· 你会四处碰壁，大脑会受损。

我问这些孩子，在他们长大后，如果有人让他们尝试毒品，他们会怎么做或怎么说，他们说：

· 我会说，"不，我可能会因吸毒而死。"

· 我就说："我不会做那种事。"然后我就走开。如果他们跟着我，我会钻进车里赶快离开。

· 我就再也不和他们做朋友了。你应该先想想，想想将来。

· 我会说："也许我不想和你们这些失败的人混在一起。"

孩子们都很明白毒品的危险。他们也非常了解吸烟和喝酒的危险。事实上，很多十几岁的孩子告诉过我，当老师在健康课上唠唠叨叨地给他们讲为什么不应该喝酒和吸烟时，他们都在做家庭作业。一个九年级的孩子甚至向一个报社记者建议："他们应该把我们分成小组，让我们自己交流吸烟和喝酒的危害。"

但是，这个想法要起到作用，孩子们就必须掌握一些必不可少的技能——要能够真正地相互倾听，仔细考虑相关情景，并制订分步计划。"建议法"和"解释法"都无法代替思考。"我能解决问题"法能给予孩子们这些技能和做出正确决定的自信，还会给予孩子们内在的力量，使他们不再需要虚幻的快感，并且能够不受同龄人压力的影响。

当我让唐娜用分步计划编个故事，来详细说明她怎样解决朋友强求她吸烟的问题时，她编了下面这个故事：

一个叫艾米的女孩儿上五年级。在年底的时候，她的一个朋友问她："嗨，艾米，我们放学后都出去吸烟，你想来吗？你不必回答，到那儿去就行。"那天，她们等啊等，等了艾米很长时间。因为没有看到她来，她们就想她是不是出了什么事情。她的朋友波拉那天就给她打了电话，说："为什么放学后你没有来和我们一起吸烟？"艾米说："我不想因那种事而感到不必要的烦恼。在我的生活中，有比因吸烟而患肺癌更好的事情要做。"波拉说："艾米，别那么傻了。一天只吸一两支。没关系的。"艾米说："有关系，真的。"这时，波拉开始取笑她了，说："艾米，你如果不吸烟，就不够酷。"而艾米说："我没必要为了显得酷而那么做。"她告诉自己的朋友，她要去找校长斯波茨先生，让他知道这些女孩儿在学校吸烟。第二天，艾米和斯波茨先生一起找到了她的朋友，斯波茨校长说："你们都被停课了。"当她们的父母发现之后，就带她们去做了一个检查，医生告诉她们，她们全部因为吸烟而得了肺癌。她们的父母无法不相信。艾米为她们感到伤心，但还是告诉了她们。艾米找到了不吸烟的朋友，现在她知道了，为了将来不因吸烟而死，她永远都不会吸烟。

为了防止你的孩子沾染香烟、毒品和酒精，你可以做以下这些事情：

·积极帮助孩子从网络或者图书馆收集有关毒品、酒精和香烟的影响和危害的信息。
·与孩子一起就一些情景做角色扮演，比如在聚会上有人提供香烟、大麻或者酒精这种情景。让孩子想出拒绝沉溺于这类活动诱惑的办法。
·帮助你的孩子明白到了法定年龄的社交性饮酒与沉溺于其中之间的区别。
·帮助孩子想象，依靠吸毒、吸一整包烟或喝太多酒带来快感，可能会有什么感觉。

你也可以让孩子想想，如果他做了这些事情，可能会有什么后果。如果孩子说："我会感觉很好。"就让孩子想想能使自己"感觉很好"的其他方法。

在我年轻的时候，自己想办法对于我来说就很起作用。我的家人和朋友采用的吓唬人的办法和解释都无法说服我戒烟。我必须自己决定戒烟，必须按照我自己的方式戒烟。一旦我自己决定了戒烟，我就开始了吃橘子。从橘子里喷出的果汁比起香烟的味道来，是多么清新啊，我心里在想。从 1984 年 5 月 14 日晚上 7：30 开始，我就一支烟也没有吸过——因为是我自己决定了要戒烟。

# 不安全的性行为和少女怀孕

十几岁的孩子非常清楚如何防止怀孕，就像他们非常清楚吸烟、吸毒和喝酒的危害一样。几项研究发现，在有性行为的青春期孩子中，那些不采用避孕方法的孩子对于避孕药、安全套和体外射精的了解，与那些采用避孕方法的孩子的了解是一样的。这些研究中的大多数女孩儿即使在怀孕之后，也知道从哪里能得到避孕用具，并知道如何使用会更有效。然而，尽管了解这些知识并且避孕用具随处可得，但十几岁孩子的怀孕率并没有下降。相反，在最近几年里，怀孕的十几岁孩子还增加了27％。同样令人不安的是，甚至那些在生了孩子之后接受过认真培训的十几岁女孩子，在两三年之后还会再次怀孕。

欧仁妮·弗莱蒂和她的同事在一个研究中发现，那些经常有不安全性行为的女孩子，与那些没有性活动或者使用避孕方法的女孩子相比，计划能力较差，而且认为怀孕是必然的。这些不使用避孕办法的孩子，对自己怀孕的原因是这样解释的：

· 我忘了带避孕药
· 我用买避孕药具的钱买了别的东西
· 我把子宫帽放在一个小包里，结果拿错了包
· 子宫帽放的太晚了

而且，与那些戒绝性行为以及安全性行为的十几岁孩子相比，这些女孩想出可替代办法和分步计划的能力也较差，以至于

229

她们对于其他问题也无计可施——比如，如何交朋友、如何劝说一个不愿意去看电影的朋友去电影院。如果这些女孩对于自己日常生活中的问题不能制定计划并想出解决办法，她们同样也不可能解决怀孕这么重大的问题。

尽管那些不使用避孕药具的孩子能够想到后果——她们知道可能会怀孕——但是，她们不能或者不愿意考虑还能怎么办。这种不足，再加上对于可能发生在她们身上的事情又缺乏控制，无疑大大地促成了这种事情的发生。

在对十几岁孩子怀孕的讨论中，很少有人问过："这些女孩子当初为什么会怀孕？"但是，这是一个重要的问题。十几岁的孩子，甚至一些不满十三岁的孩子可能会因为各种原因参与了性活动。她们可能是想引起某个特别异性的关注，或者可能是出于与其他孩子求助于毒品和暴力相同的原因：她们不能说"不"，她们需要感觉自己很重要，需要释放被压抑起来的愤怒，或者需要缓解深深的抑郁。有些女孩把怀孕当作一种报复办法，来报复她们认为与自己作对的这个世界，正如其他孩子用暴力来报复一样。

分步计划能力能够帮助这些女孩子考虑自己的长期目标，实现这个目标需要多长时间，以及导致怀孕的性行为对这些目标的实现会有怎样的妨碍。

考虑外部后果，例如因偷窃而被抓住，或者因不安全的性行为而怀孕，并不能阻止很多孩子做出这些行为。那些无法控制自己的行为，或者那些需要即刻满足的十几岁孩子，不会考虑自己的行为对于自己一生所造成的影响。而且，这已经不只是女孩子们的问题了。在今天的世界，在这个不安全的性行为会导致感染诸如疱疹或艾滋病这种性传染疾病的世界里，等待的能力以及能够延迟满足的能力，对于男孩和女孩是同样重要的。

为了你的孩子在未来几年面临性问题时能作出清醒的思考，并鼓励孩子性行为的安全，甚至禁止性行为，你现在可以做以下的事情：

· 听听孩子对性行为已经知道了些什么，既包括安全的性行为，也包括不安全的。

· 弄清楚孩子对于避孕套作为性防护办法的不足有何了解。

· 帮助孩子学会按照不安全性行为所造成的潜在后果，来考虑可替代办法，还要学会考虑这些后果会怎样妨碍他们对将来的计划。要记住，即使孩子们知道怀孕的潜在后果或可能后果，他们仍然可能会冒险——尤其是那些不能延迟满足的孩子、对自己有不安全感的孩子，或者对世界感到愤怒的孩子。

## 暴力

家长们不希望自己的孩子寻衅滋事或者欺负别的孩子，也不想让自己的孩子受欺负。然而，参与我们研究的几乎每个孩子最担心的，就是受那些欺负人的孩子的欺负。

研究表明，美国在校的中小学生中，每七个孩子中就有一个——几乎是 500 万孩子——要么欺负过别的孩子，要么受过欺负。一项调查发现，几乎 60% 的中学生说他们至少受到过一次欺负人的孩子的骚扰。

我们已经看到莎拉曾经有多么霸道，但是，有些孩子的行为要比她的更麻烦。这些孩子更经常、更厉害地折磨同学，做出严重伤害行为（甚至杀人）的可能性更大。尽管大多数欺负人的孩子将来不会变得很暴力，但其中的很多孩子在进入青春期和成年后会想控制别人——他们是不会受人欢迎的。

我在工作中打过交道的一些孩子告诉我们，那些不仅不受人欢迎并且让人感到害怕的孩子往往是这样一些孩子：

- 抓人、咬人、扔东西、打人
- 威胁要伤害别人
- 偷东西或者毁坏东西
- 找其他孩子的麻烦
- 取笑其他孩子的衣服、肤色和体重
- 说长道短，并散布谣言
- 嘲笑其他孩子、做鬼脸或者作弄其他孩子
- 在体育比赛中作弊，嘲弄对方
- 说家人的坏话，包括已经去世的家人的坏话
- 漠视或拒绝那些想参与游戏或想参加球队的孩子

好欺负人的男孩子比女孩子更可能会打架，并伤害其他孩子的身体，而女孩子更依赖于语言和心理技巧，比如，把一个同学排除在生日晚会之外，或者散布伤害同学的谣言。

正如我们在第5章里看到的那样，有些孩子对于好欺负人的孩子行为背后的动机，有着惊人准确的理解。他们的很多理解与专家告诉我们的很相似：

- 显示自己的力量绝对是第一位的问题
- 通过贬低别人的重要性，感觉到自己的重要性
- 欺负人是为了在同龄人中获得地位
- 那些遭到同龄人拒绝的好欺负人的孩子，会去找那些同样

好欺负别人的孩子作朋友，以及那些认为他们的行为"具有男子汉气概"从而相互强化影响的孩子

· 尽管他们可能是在通过伤害别人来表明自己迫切需要帮助，但他们没有同情心

这类行为，再加上他们几乎不可避免地会遭到同龄人的拒绝，几乎就可以预测这些孩子以后肯定会出现更严重的暴力行为。我们必须关注这类行为，并将其消灭在萌芽状态。但是，怎么才能做到呢？

有一次，我看了一个录像，一个大孩子在操场上欺负一个稍小一点的孩子。尽管旁边就有成年人在，但没有一个人去干预。当校长被问到这件事时，他只是说："男孩子终究是男孩子。"或许，在今天的这种环境中，老师和其他权威人物都害怕干预。或许是校区害怕遭到欺负人的孩子的父母起诉。或者，也许教育工作者没有处理这种情况的专门技能。但是，我相信，他们必须要介入——而且，怎样介入是至关重要的。

有一个学校，对此采用的是"零忍耐"原则——即使是第一次违反也必须以停课来惩罚，以防止其他学生效仿。据此，一个11岁的孩子因为打了一个同学几次，被停课两周；然而，没有一个人让这个孩子谈谈他的行为以及他为什么这么做。当他重返学校的时候，变得比离开时更加愤怒，并且可以预料的是，他把愤怒发泄到了他认为使他陷入了麻烦的那个男孩身上。这种情景使这个男孩在情感上承受了很大的压力，最终转出了这所学校。

但是，另一个极端——完全不干涉——对被欺负的孩子和欺负人的孩子都会造成潜在的严重后果。被欺负的孩子可能一生都摆脱不掉对学校的这种不愉快记忆。他们还可能变得很抑郁，甚至为补偿自己对别人的恐惧，最终自己也变成好欺负人的人。

至于欺负人的孩子，还记得那些新闻报道吗？那些孩子对于家人或同龄人对他们的拒绝感到如此愤怒和沮丧，以至于持枪到校园里射杀同学、老师和父母。据报道，所有这些男孩（最小的只有 11 岁）都警告过政府部门，他们将要做"大"事；有一些甚至说他们要杀人。没有人听。也没有人在意。

也许这些孩子只是需要有人听听他们的心声。然而，他们遇到的冷漠一定向他们传递了这样的信息："我们不在乎你在想什么。我们觉得你无所谓。"或者，可能是"我们不想管你的事。"也许其中有些孩子自己感到很痛苦，并感到他们求助的呼声被忽视了。伤害别人是他们得到关注的一种办法，否则，他们就得不到关注。

完全不表达自己的想法和感受，具有同样灾难性的后果。宾夕法尼亚州的一个 15 岁男孩，被一个同学欺负了三年。和上面提到的那些孩子不一样，这个男孩子把痛苦压在了心里。一天，他带了一支枪到学校，当着同学们的面，射死了那个欺负他的同学。如果这个男孩在小时候有人鼓励他表达自己的想法和感受，如果他生活中的那些成年人注意到了有什么事情困扰着他，也许——只能是也许——这场悲剧就能避免。

女孩子也会做出极端暴力的行为，尽管发生率很低。在费城，一个极其渴望交朋友的十几岁的孩子，认为自己终于找到了一个朋友。当那个"朋友"和一个同龄孩子结伙，不但拿了她的运动鞋而且还折磨她的时候，这个女孩子非常愤怒，杀死了那个"朋友"。在接受警察调查时，那些认识她的人说，她小时候非常文静，情感从来不外露。我对此并不感到惊讶。任何一个将自己的情感压抑好几年的人，就像一个沸腾的水壶，直到壶盖被突然冲开。

有时候，渴望得到朋友的女孩子会成为受害者，而不是暴力行为的加害者。一个孤独、封闭的 14 岁女孩缠住一群女孩子不放，想尽一切办法讨好她们。她们突然袭击了她。领头的孩子带头打她，而其他孩子被动地看着，也不过来搭救她。她们是不是也害怕自己会受到袭击或被拒绝呢？她们呆呆地看着是因为她们不知道该怎么办吗？她们究竟有没有思考呢？

十几岁的孩子们不会在一天内就决定要伤害或杀死一个人。他们的愤怒和沮丧，以及对生活的失控感是多年积累的结果。可以想象，如果在小时候就鼓励他们考虑自己和别人的感受，鼓励他们解决对于他们来说的重要问题，这些孩子对自己以及这个世界的感受会多么不同啊。

这正是"解决问题法"能够帮助孩子们的地方。"我能解决问题"法不是要通过强求、威胁和体罚来剥夺孩子的权利并控制孩子；也不会无视孩子们的求助。相反，它鼓励孩子们恢复控制感、自豪感和共情，这些感觉会使他们成长为快乐、有责任心和社会能力强的人。"我能解决问题"法不是让孩子们依靠我们解决他们的问题，而是让孩子学会自己做出决定，并尽早成为在实际生活中善于解决问题的人。那些学过"我能解决问题"的孩子们，有情感的力量和能力处理沮丧的时刻，并且知道怎样克服沮丧感。

在孩子欺负人的行为或被别的孩子欺负转变成更严重的暴力行为和（或）抑郁之前，当这种初期危险信号刚出现时，你可以采取以下的措施：

如果你的孩子欺负别人，就问他：

· 当你伤害别人的时候，你认为他会有什么感受？
· 你认为那个人对你会有什么想法和感受？
· 对于他的感受（伤心、愤怒、悲伤），你有什么感受？

·如果你总是伤害别人，可能会发生什么情况？

　　要让孩子寻找一些共情的后果，比如"我可能真的会伤害他，"或者"我内心可能会感到很难过，"而不是外部后果，比如"我可能会被停课，"或者"我可能会惹上麻烦"。丹尼尔·哥尔曼在一次为"全国学校心理学学会"作主题发言时，给我们讲了一个杀了人的男孩子的故事，他说："如果我能感到他的痛苦，我就不会那么做了。"

　　如果你的孩子是受害者，就问他：

·当有人欺负你或作弄你的时候，你有什么感受？
·你认为他的内心可能会有什么感受？
·你能想一想他为什么要那样做吗？
·当你被别人欺负时，你能做什么或说什么？

　　然而，如果孩子处于真正的危险中，就要告诉他们，应该把情况通知老师或者其他权威人物。孩子们需要能够区分那些用"我能解决问题"法自己就能解决的问题和需要大人的干预才能防止造成伤害的情景。

## 最后一些想法

　　只是简单地告诉孩子们毒品、不安全性行为和暴力的危害，不会有什么作用，因为孩子们根本不听。也许是因为孩子们不喜欢由别人来告诉自己该做什么。

　　这就是"解决问题法"为何如此重要的原因。不论问题是滥用毒品，怀孕（自我伤害），还是暴力行为（伤害别人），孩子们必须要能够控制自己的生活，而不是让这些事情"任其发生"。通过"我能解决问题"法，他们将学会相信自己的判断，并培养一种内在的力量，知道什么时候要跟随别人，什么时候要走自己的路。你的孩子现在想到的那些方法和计划，也许永远都不会在实际中用上；有一些最终可能会被证明是无效的。但是，最重要的是，你的孩子在小时候——在有严重后果的大问题侵入其生活之前——就学会了解决问题，就对日常问题作了练习。

　　那些既在意自己又关心别人的爱思考的孩子，在交朋友上会更加成功，在根据潜在的后果做出负责任的决定上会更加成功。他们会对自己的成功感到骄傲，而不是对自己的失败感到沮丧。他们不会屈从自己不想拥有的那些"朋友"的压力，去做他们不想做的事情。

　　或许，我在第 10 章提到的那个六年级的学生说的最好："我们必须学会自己思考。别人不会总是在我们身边帮助我们。"

# 《如何培养孩子的社会能力》

## 教孩子学会解决冲突和与人相处的技巧

简单小游戏 成就一生大能力
美国全国畅销书（The National Bestseller）
荣获四项美国国家级大奖的经典之作
美国"家长的选择（Parents'Choice Award)"图书奖

社会能力就是孩子解决冲突和与人相处的能力，人是社会动物，没有社会能力的孩子很难取得成功。舒尔博士提出的"我能解决问题"法，以教给孩子解决冲突和与人相处的思考技巧为核心，在长达 30 多年的时间里，在全美各地以及许多其他国家，让家长和孩子们获益匪浅。与其他的养育办法不同，"我能解决问题"法不是由家长或老师告诉孩子怎么想或者怎么做，而是通过对话、游戏和活动等独特的方式教给孩子自己学会怎样解决问题，如何处理与朋友、老师和家人之间的日常冲突，以及寻找各种解决办法并考虑后果，并且能够理解别人的感受。让孩子学会与人和谐相处，成长为一个社会能力强、充满自信的人。

默娜·B·舒尔博士，儿童发展心理学家，美国亚拉尼大学心理学教授。她为家长和老师们设计的一套"我能解决问题"训练计划，以及她和乔治·斯派维克（George Spivack）一起所做的开创性研究，荣获了一项美国心理健康协会大奖、三项美国心理学协会大奖。

[美] 默娜·B. 舒尔 特里萨·
弗伊·迪吉若尼莫 著
张雪兰 译
北京联合出版公司
定价：30.00 元

# 《孩子，把你的手给我》

## 与孩子实现真正有效沟通的方法

畅销美国 500 多万册的教子经典，以 31 种语言畅销全世界
彻底改变父母与孩子沟通方式的巨著

本书自 2004 年 9 月由京华出版社自美国引进以来，仅依靠父母和老师的口口相传，就一直高居当当网、卓越网的排行榜。

吉诺特先生是心理学博士、临床心理学家、儿童心理学家、儿科医生；纽约大学研究生院兼职心理学教授、艾德尔菲大学博士后。吉诺特博士的一生并不长，他将其短短的一生致力于儿童心理的研究以及对父母和教师的教育。

父母和孩子之间充满了无休止的小麻烦、阶段性的冲突，以及突如其来的危机……我们相信，只有心理不正常的父母才会做出伤害孩子的反应。但是，不幸的是，即使是那些爱孩子的、为了孩子好的父母也会责备、羞辱、谴责、嘲笑、威胁、收买、惩罚孩子，给孩子定性，或者对孩子唠叨说教……当父母遇到需要具体方法解决具体问题时，那些陈词滥调，像"给孩子更多的爱"、"给他更多关注"或者"给他更多时间"是毫无帮助的。

多年来，我们一直在与父母和孩子打交道，有时是以个人的形式，有时是以指导小组的形式，有时以养育讲习班的形式。这本书就是这些经验的结晶。这是一个实用的指南，给所有面临日常状况和精神难题的父母提供具体的建议和可取的解决方法。

——摘自《孩子，把你的手给我》一书的"引言"

[美] 海姆·G. 吉诺特 著
北京联合出版公司
定价：32.00 元

[美] 海姆·G·吉诺特 著
张雪兰 译
北京联合出版公司
定价：26.00 元

# 《孩子，把你的手给我（Ⅱ）》

## 与十几岁孩子实现真正有效沟通的方法

### 《孩子，把你的手给我》作者的又一部巨著
### 彻底改变父母与十几岁孩子的沟通方式

　　本书是海姆·G·吉诺特博士的又一部经典著作，连续高踞《纽约时报》畅销书排行榜 25 周，并被翻译成 31 种语言畅销全球，是父母与十几岁孩子实现真正有效沟通的圣经。

　　十几岁是一个骚动而混乱、充满压力和风暴的时期，孩子注定会反抗权威和习俗——父母的帮助会被怨恨，指导会被拒绝，关注会被当做攻击。海姆·G·吉诺特博士就如何对十几岁的孩子提供帮助、指导、与孩子沟通提供了详细、有效、具体、可行的方法。

[美] 海姆·G·吉诺特 著
张雪兰 译
北京联合出版公司
定价：35.00 元

# 《孩子，把你的手给我（Ⅲ）》

## 老师与学生实现真正有效沟通的方法

### 《孩子，把你的手给我》作者最后一部经典巨著
### 以 31 种语言畅销全球
### 彻底改变老师与学生的沟通方式
### 美国父母和教师协会推荐读物

　　本书是海姆·G·吉诺特博士的最后一部经典著作，彻底改变了老师与学生的沟通方式，是美国父母和教师协会推荐给全美教师和父母的读物。

　　老师如何与学生沟通，具有决定性的重要意义。老师们需要具体的技巧，以便有效而人性化地处理教学中随时都会出现的事情——令人烦恼的小事、日常的冲突和突然的危机。在出现问题时，理论是没有用的，有用的只有技巧，如何获得这些技巧来改善教学状况和课堂生活就是本书的主要内容。

　　书中所讲述的沟通技巧，不仅适用于老师与学生、家长与孩子之间的交流，而且也可以灵活运用于所有的人际交往中，是一种普遍适用的沟通技巧。

# 《十几岁孩子的正面管教》

## 教给十几岁的孩子人生技能

**家庭教育畅销书《正面管教》作者力作**
**养育十几岁孩子的"黄金准则"**

[美]简·尼尔森
　　　琳·洛特 著
尹莉莉 译
北京联合出版公司出版
定价：35.00 元

　　度过十几岁的阶段，对你和你的青春期的孩子来说，可能会像经过一个"战区"。青春期是成长中的一个重要过程。在这个阶段，十几岁的孩子会努力探究自己是谁，并要独立于父母。你的责任，是让自己十几岁的孩子为人生做好准备。

　　问题是，大多数父母在这个阶段对孩子采用的养育方法，使得情况不是更好，而是更糟了……

　　本书将帮助你在一种肯定你自己的价值、肯定孩子价值的相互尊重的环境中，教育、支持你的十几岁的孩子，并接受这个过程中的挑战，帮助你的十几岁孩子最大限度地成为具有高度适应能力的成年人。

# 《正面管教》

## 如何不惩罚、不娇纵地有效管教孩子

**畅销美国 400 多万册　被翻译为 16 种语言畅销全球**

[美]简·尼尔森 著
玉冰 译
北京联合出版公司
定价：38.00 元

　　自 1981 年本书第一版出版以来，《正面管教》已经成为管教孩子的"黄金准则"。正面管教是一种既不惩罚也不娇纵的管教方法……孩子只有在一种和善而坚定的气氛中，才能培养出自律、责任感、合作以及自己解决问题的能力，才能学会使他们受益终生的社会技能和人生技能，才能取得良好的学业成绩……如何运用正面管教方法使孩子获得这种能力，就是这本书的主要内容。

　　简·尼尔森，教育学博士，杰出的心理学家、教育家，加利福尼亚婚姻和家庭执业心理治疗师，美国"正面管教协会"的创始人。曾经担任过 10 年的有关儿童发展的小学、大学心理咨询教师，是众多育儿及养育杂志的顾问。

　　本书根据英文原版的第三次修订版翻译，该版首印数为 70 多万册。

[美] 简·尼尔森
谢丽尔·欧文
罗丝琳·安·达菲 著
花莹莹 译
北京联合出版公司
定价：42.00 元

# 《0 ~ 3 岁孩子的正面管教》

## 养育 0 ~ 3 岁孩子的"黄金准则"

### 家庭教育畅销书《正面管教》作者力作

从出生到 3 岁，是对孩子的一生具有极其重要影响的 3 年，是孩子的身体、大脑、情感发育和发展的一个至关重要的阶段，也是会让父母们感到疑惑、劳神费力、充满挑战，甚至艰难的一段时期。

正面管教是一种有效而充满关爱、支持的养育方式，自 1981 年问世以来，已经成为了养育孩子的"黄金准则"，其理论、理念和方法在全世界各地都被越来越多的父母和老师们接受，受到了越来越多父母和老师们的欢迎。

本书全面、详细地介绍了 0 ~ 3 岁孩子的身体、大脑、情感发育和发展的特点，以及如何将正面管教的理念和工具应用于 0 ~ 3 岁孩子的养育中。它将给你提供一种有效而充满关爱、支持的方式，指导你和孩子一起度过这忙碌而令人兴奋的三年。

无论你是一位父母、幼儿园老师，还是一位照料孩子的人，本书都会使你和孩子受益终生。

[美] 简·尼尔森
谢丽尔·欧文
罗丝琳·安·达菲 著
娟子 译
北京联合出版公司
定价：42.00 元

# 《3 ~ 6 岁孩子的正面管教》

## 养育 3 ~ 6 岁孩子的"黄金准则"

### 家庭教育畅销书《正面管教》作者力作

3 ~ 6 岁的孩子是迷人、可爱的小人儿。他们能分享想法、显示出好奇心、运用崭露头角的幽默感、建立自己的人际关系，并向他们身边的人敞开喜爱和快乐的怀抱。他们还会固执、违抗、令人困惑并让人毫无办法。

正面管教会教给你提供有效而关爱的方式，来指导你的孩子度过这忙碌并且充满挑战的几年。

无论你是一位父母、一位老师或一位照料孩子的人，你都能从本书中发现那些你能真正运用，并且能帮助你给予孩子最好的人生起点的理念和技巧。

[美] 简·尼尔森 琳·洛特
斯蒂芬·格伦 著
花莹莹 译
北京联合出版公司
定价：45.00 元

# 《正面管教 A–Z》

## 日常养育难题的 1001 个解决方案

### 家庭教育畅销书《正面管教》作者力作
### 以实例讲解不惩罚、不娇纵管教孩子的"黄金准则"

无论你多么爱自己的孩子，在日常养育中，都会有一些让你愤怒、沮丧的时刻，也会有让你绝望的时候。

你是怎么做的？

本书译自英文原版的第 3 版（2007 年出版），包括了最新的信息。你会从中找到不惩罚、不娇纵地解决各种日常养育挑战的实用办法。主题目录，按照 A–Z 的汉语拼音顺序排列，方便查找。你可以迅速找到自己面临的问题，挑出来阅读；也可以通读整本书，为将来可能遇到的问题及其预防做好准备。每个养育难题，都包括 6 步详细的指导：理解你的孩子、你自己和情形，建议，预防问题的出现，孩子们能够学到的生活技能，养育要点，开阔思路。

[美] 简·尼尔森
玛丽·尼尔森·坦博斯基
布拉德·安吉 著
花莹莹 杨森 张丛林 林展 译
北京联合出版公司
定价：42.00 元

# 《正面管教养育工具》

## 赋予孩子力量、培养孩子能力的 49 种有效方法

### 家庭教育畅销书《正面管教》作者力作
### 不惩罚、不娇纵养育孩子的有效工具

正面管教是一种不惩罚、不娇纵的管教孩子的方式，是为了培养孩子们的自律、责任感、合作能力，以及自己解决问题的能力，让他们学会受益终生的社会技能和人生技能，并取得良好的学业成绩。

1981 年，简·尼尔森博士出版《正面管教》一书，使正面管教的理念逐渐为越来越多的人接受并奉行。如今，正面管教已经成了管教孩子的"黄金准则"。其理念和方法已经传播到将近 70 个国家和地区，包括美国、英国、冰岛、荷兰、德国、瑞士、法国、摩洛哥、西班牙、墨西哥、厄瓜多尔、哥伦比亚、秘鲁、智利、巴西、加拿大、中国、埃及、韩国。由简·尼尔森博士作为创始人的"正面管教协会"，如今已经有了法国分会和中国分会。

本书对经过多年实际检验的 49 个最有效的正面管教养育工具作了详细介绍。

# 《教室里的正面管教》

## 培养孩子们学习的勇气、激情和人生技能

**家庭教育畅销书《正面管教》作者力作**
**造就理想班级氛围的"黄金准则"**
**本书入选中国教育新闻网、中国教师报联合推荐**
**2014年度"影响教师100本书"TOP10**

很多人认为学校的目的就是学习功课，而各种纪律规定应该以学生取得优异的学习成绩为目的。因此，老师们普遍实行的是以奖励和惩罚为基础的管教方法，其目的是为了控制学生。然而，研究表明，除非教给孩子们社会和情感技能，否则他们学习起来会很艰难，并且纪律问题会越来越多。

正面管教是一种不同的方式，它把重点放在创建一个相互尊重和支持的班集体，激发学生们的内在动力去追求学业和社会的成功，使教室成为一个培育人、愉悦和快乐的学习和成长的场所。

这是一种经过数十年实践检验，使全世界数以百万计的教师和学生受益的黄金准则。

[美] 简·尼尔森 琳·洛特
斯蒂芬·格伦 著
梁帅 译
北京联合出版公司
定价：30.00 元

# 《正面管教教师工具卡》

## 教室管理的 52 个工具

**家庭教育畅销书《正面管教》作者力作**

该套卡片是将《正面管教》在教室里的运用，以卡片的形式呈现出来。在每张卡片上有对相应工具的简要介绍，以及具体的使用办法和相关示例，在卡片后还配有一幅形象而生动的插图。

该套卡片既适合教师单独集中时间学习，也适合与其他教师共同讨论。既可以放置于办公桌上，也可以随身携带，随时使用。它是尼尔森博士为教师量身定制的"工具百宝箱"。

[美] 简·尼尔森
凯莉·格夫洛埃尔
阿伦·巴考尔
比尔·肖尔 著
张宏武 译
北京联合出版公司出版
定价：35.00 元

# 《单亲家庭的正面管教》

## 让单亲家庭的孩子健康、快乐、茁壮成长

### 家庭教育畅销书《正面管教》作者力作
### 单亲父母养育孩子的"黄金准则"

[美] 简·尼尔森　谢丽尔·欧文
　　卡萝尔·德尔泽尔　著
杨森　张丛林　林展　译
北京联合出版公司
定价: 37.00 元

　　单亲家庭不是"破碎的家庭"，单亲家庭的孩子也不是注定会失败和令人失望的，有了努力、爱和正面管教养育技能，单亲父母们就能够把自己的孩子培养成有能力的、满足的、成功的人，让单亲家庭成为平静、安全、充满爱的家，而单亲父母自己也会成为一位更健康、平静的父母——以及一个更快乐的人。

　　《单亲家庭的正面管教》是家庭教育畅销书《正面管教》作者简·尼尔森的又一力作。自从《正面管教》于 1981 年出版以来，正面管教理念已经成为养育孩子的"黄金准则"，让全球数以百万计的父母、孩子、老师获益。

　　《单亲家庭的正面管教》是简·尼尔森博士与另外两位作者详细介绍如何将正面管教的理念和工具用于单亲家庭的一部杰作。

# 《特殊需求孩子的正面管教》

## 帮助孩子学会有价值的社会和人生技能

### 家庭教育畅销书《正面管教》作者力作

[美] 简·尼尔森　史蒂文·福斯特
　　艾琳·拉斐尔　著
甄颖　译
北京联合出版公司
定价: 32.00 元

　　每一个孩子都应该有一个幸福而充实的人生。特殊需求的孩子们有能力积极成长和改变。

　　运用正面管教的理念和工具，特殊需求的孩子们就能够培养出一种越来越强的能力，为自己的人生承担起责任。在这个过程中，他们会与自己的家里、学校里和群体里的重要的人建立起深入的、令人满意的、合作的关系，从而实现自己的潜能。

# 《帮助你的孩子爱上阅读》

## 0~16岁亲子阅读指导手册

没有阅读的童年是贫乏的——孩子将错过人生中最大的乐趣之一，以及阅读带来的巨大好处。

阅读不但是学习和教育的基础，而且是孩子未来可能取得成功的一个最重要的标志——比父母的教育背景或社会地位重要得多。这也是父母与自己的孩子建立亲情心理联结的一种神奇方式。

帮助你的孩子爱上阅读，是父母能给予自己孩子的一份最伟大的礼物，一份将伴随孩子一生的爱的礼物。

这是一本简单易懂而且非常实用的亲子阅读指导手册。作者根据不同年龄的孩子的发展特征，将0~16岁划分为0~4岁、5~7岁、8~11岁、12~16岁四个阶段，告诉父母们在各个年龄阶段应该如何培养孩子的阅读习惯，如何让孩子爱上阅读。

[美]爱丽森·戴维 著
宋苗 译
北京联合出版公司
定价：26.00元

# 《如何读懂孩子的行为》

## 理解并解决孩子各种行为问题的方法

孩子为什么不好好吃、不好好睡？为什么尿床、随地大便？为什么说脏话？为什么撒谎、偷东西、欺负人？为什么不学习？……这些行为，都是孩子在以一种特殊的方式与父母沟通。

当孩子遇到问题时，他们的表达方式十分有限，往往用行为作为与大人沟通的一种方式……如何读懂孩子这些看似异常行为背后真实的感受和需求，如何解决孩子的这些问题，以及何时应该寻求专业帮助，就是本书的主要内容。

安吉拉·克利福德－波斯顿（Andrea Clifford-Poston），教育心理治疗师、儿童和家庭心理健康专家，在学校、医院和心理诊所与孩子和父母们打交道30多年；她曾在查林十字医院（Charing Cross Hospital，建立于1818年）的儿童发展中心担任过16年的主任教师，在罗汉普顿学院（Roehampton Institute）

[美]安吉拉·克利福德－波斯顿 著
王俊兰 译
北京联合出版公司
定价：32.00元

担任过多年音乐疗法的客座讲师，她还是《泰晤士报》"父母论坛"的长期客座专家，为众多儿童养育畅销杂志撰写专栏和文章，包括为"幼儿园世界（Nursery World）"撰写了4年专栏。

# 《孩子是如何学习的》

**畅销美国 200 多万册的教子经典，以 14 种语言畅销全世界**

孩子们有一种符合他们自己状况的学习方式，他们对这种方式运用得很自然、很好。这种有效的学习方式会体现在孩子的游戏和试验中，体现在孩子学说话、学阅读、学运动、学绘画、学数学以及其他知识中……对孩子来说，这是他们最有效的学习方式……

约翰·霍特（1923 ~ 1985），是教育领域的作家和重要人物，著有 10 本著作，包括《孩子是如何失败的》、《孩子是如何学习的》、《永远不太晚》、《学而不倦》。他的作品被翻译成 14 种语言。《孩子是如何学习的》以及它的姊妹篇《孩子是如何失败的》销售超过两百万册，影响了整整一代老师和家长。

[美] 约翰·霍特　著
张雪兰　译
北京联合出版公司
定价：30.00 元

# 《从出生到3岁》

## 婴幼儿能力发展与早期教育权威指南

**畅销全球数百万册，被翻译成 11 种语言**

没有任何问题比人的素质问题更加重要，而一个孩子出生后头 3 年的经历对于其基本人格的形成有着无可替代的影响……本书是唯一一本完全基于对家庭环境中的婴幼儿及其父母的直接研究而写成的，也是惟一一本经过大量实践检验的经典。本书将 0~3 岁分为 7 个阶段，对婴幼儿在每一个阶段的发展特点和父母应该怎样做以及不应该做什么进行了详细的介绍。

本书第一版问世于 1975 年，一经出版，就立即成为了一部经典之作。伯顿·L·怀特基于自己 37 年的观察和研究，在这本详细的指

[美] 伯顿·L·怀特　著
宋苗　译
北京联合出版公司
定价：39.00 元

导手册中描述了 0~3 岁婴幼儿在每个月的心理、生理、社会能力和情感发展，为数千万名家长提供了支持和指导。现在，这本经过了全面修订和更新的著作包含了关于养育的最准确的信息与建议。

伯顿·L·怀特，哈佛大学"哈佛学前项目"总负责人，"父母教育中心"（位于美国马萨诸塞州牛顿市）主管，"密苏里'父母是孩子的老师'项目"的设计人。

# 《实用程序育儿法》

## 宝宝耳语专家教你解决宝宝喂养、睡眠、情感、教育难题

### 《妈妈宝宝》、《年轻妈妈之友》、《父母必读》、"北京汇智源教育"联合推荐

[美] 特蕾西·霍格
梅林达·布劳 著
北京联合出版公司
定价：42.00 元

本书倡导从宝宝的角度考虑问题，要观察、尊重宝宝，和宝宝沟通——即使宝宝还不会说话。在本书中，作者集自己近 30 年的经验，详细解释了 0 ~ 3 岁宝宝的喂养、睡眠、情感、教育等各方面问题的有效解决方法。

特蕾西·霍格( Tracy Hogg )世界闻名的实战型育儿专家，被称为"宝宝耳语专家"——她能"听懂"婴儿说话，理解婴儿的感受，看懂婴儿的真正需要。她致力于从婴幼儿的角度考虑问题，在帮助不计其数的新父母和婴幼儿解决问题的过程中，发展了一套独特而有效的育儿和护理方法。

梅林达·布劳，美国《孩子》杂志"新家庭（ New Family ）专栏"的专栏作家，记者。

# 《莫扎特效应》

## 用音乐唤醒孩子的头脑、健康和创造力

### 从胎儿到 10 岁，用音乐的力量帮助孩子成长！
### 享誉全球的权威指导，被翻译成 13 种语言！

[美] 唐·坎贝尔 著
高慧雯 王玲月 娟子 译
北京联合出版公司
定价：32.00 元

在本书中，作者全面介绍了音乐对于从胎儿至 10 岁左右儿童的大脑、身体、情感、社会交往等各方面能力的影响。

本书详细介绍了如何用古典音乐，特别是莫扎特的音乐，以及儿歌的节奏和韵律来促进孩子从出生前到童年中期乃至更大年龄阶段的发展，提高他们的各种学习能力、情感能力和社会交往能力。对于孩子在每个年龄段（出生前到出生，从出生到 6 个月，从 6 个月到 18 个月，从 18 个月到 3 岁，从 4 岁到 6 岁，从 6 岁到 8 岁，从 8 岁到 10 岁）的发展适合哪些音乐以及这些音乐的作用都进行了详细的说明。

唐·坎贝尔，古典音乐家、教育家、作家、教师，数十年来致力于研究音乐及其在教育和健康方面的作用，用音乐帮助全世界 30 多个国家的孩子提高了学习能力和创造性，并体验到了音乐给生活带来的快乐。他是该领域闻名全球、首屈一指的权威。

[美] 道格拉斯·莱利博士 著
王旭 译
北京联合出版公司
定价：28.00 元

# 《孩子爱发脾气，父母怎么办》

## 孩子发脾气的 11 种潜在原因及解决办法

### 美国"妈妈的选择"图书金奖

　　没有哪个孩子会无缘无故地发脾气，也没有哪个孩子在每一件事情上都发脾气。孩子的每一次脾气爆发，都是有原因的，是孩子在试图告诉父母或其他成年人一些什么……有时候，孩子无法用口头方式表达自己的烦恼或不快，而情绪和行为才是他们的语言，为了倾听他们，你必须学会破解这种语言……孩子在小时候改掉发脾气的毛病，在青春期和成年后才能快乐、平和，并有所成就。

　　道格拉斯·莱利博士，临床心理治疗师，擅长于治疗 3~19 的孩子。他还投入大量精力对父母们进行培训，教给他们改正自己孩子行为的方法和技巧。

[美] 奥黛丽·里克尔
卡洛琳·克劳德 著
张悦 译
北京联合出版公司
定价：20.00 元

# 《孩子顶嘴，父母怎么办？》

## 简单 4 步法，终结孩子的顶嘴行为

### 全美畅销书

　　顶嘴是一种不尊重人的行为，它会毁掉孩子拥有成功、幸福的一生的机会，会使孩子失去父母、朋友、老师等的尊重。

　　本书是一本专门针对孩子顶嘴问题的畅销家教经典。作者里克尔博士和克劳德博士以著名心理学家阿尔弗雷德·阿德勒的行为学理论为基础，结合自己在家庭教育领域数十年的心理咨询经验，总结出了一套简单、对各个年龄段孩子都能产生最佳效果，而且不会对孩子造成伤害的"四步法"，可以让家长在消耗最少精力的情况下，轻松终结孩子粗鲁的顶嘴行为，为孩子学会正确地与人交流和交往的方式——不仅仅是和家长，也包括他的朋友、老师和未来的上级——奠定良好的基础。

　　本书包含大量真实案例，可以让读者在最直观而贴近生活的情境中学习如何使用四步法。

　　奥黛丽·里克尔博士，美国著名心理学家，既是一名经验丰富的教师，也是一名母亲，终生与孩子打交道。卡洛琳·克劳德博士，管理咨询专家，美国白宫儿童与父母会议主席，全国志愿者中心理事。

[美] 杰拉尔德·纽马克 著
叶红婷 译
北京联合出版公司
定价：20.00 元

# 《如何培养情感健康的孩子》

## 孩子必须被满足的 5 大情感需求

### 畅销美国 250000 多册的家教经典

　　孩子的情感健康，取决于情感需求是否得到满足。每个孩子都有贯穿一生的 5 大情感需求，满足了这些需求，会为把孩子培养成为自信、理智、有同情心和有公德心的人提供一个良好的基础，让他们更有可能在学业、职场、婚姻和生活中取得成功。

　　杰拉尔德·纽马克博士既是一位父亲，又是一位教育家、研究员，从事与学校和孩子相关的咨询已经超过 30 年，他在教育领域所取得的卓越成就曾得到美国总统嘉奖。

张伟　徐宏江　著
京华出版社出版
定价：24.00 元

# 《4 年级决定孩子的一生》

## （修订版）

　　我国著名诗人艾青说过：人的一生很漫长，但最关键的却只有那么几步……小学 4 年级就是孩子成长中最关键几步中的一步。

　　孩子的生长和发育存在若干关键时期，4 年级就是一个重要的时期。4 年级是培养学习能力和情感能力的重要时期，是养成良好的学习习惯和改变不良习惯的最后关键时机。4 年级是培养孩子学习恒心的关键时期。4 年级是小学低年级向高年级的过渡期，孩子开始从被动的学习主体向主动的学习主体转变，学校教育的内容和方式发生的一些明显变化、孩子自身心理和能力的发展都会表现为比较明显的学习分化现象，有些孩子甚至开始出现学习偏科的端倪。

　　孩子的成长要求父母对孩子教育的内容和方式也要随之改变，正确的教育将会起到事半功倍的作用，为孩子一生的成功打下坚实的基础。

　　本书自 2005 年 5 月出版以来，受到了广大学生家长和教师的热烈欢迎，深圳市将其列为"第六届深圳读书月推荐书目"。

　　以上图书各大书店、书城、网上书店有售。

　　团购请垂询：010-65868687

　　Email：tianluebook@263.net

　　更多畅销经典家教图书，请关注新浪微博"家教经典"（http://weibo.com/jiajiaojingdian）及淘宝网"天略图书"（http://shop33970567.taobao.com）